产业内贸易与经济发展：
理论与实证

CHANYENEI MAOYI YU JINGJI FAZHAN
LILUN YU SHIZHENG

黎振强　陈望雄 ◎ 著

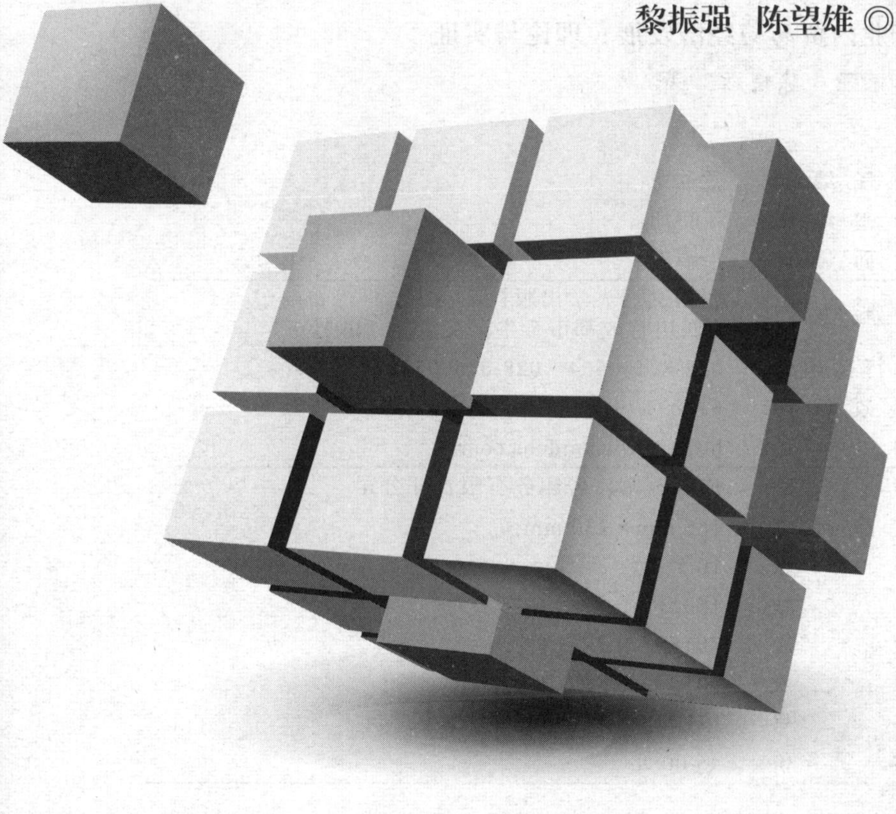

西南交通大学出版社
·成都·

图书在版编目（CIP）数据

产业内贸易与经济发展：理论与实证 / 黎振强，陈望雄著. —成都：西南交通大学出版社，2015
ISBN 978-7-5643-4413-9

Ⅰ.①产… Ⅱ.①黎… ②陈… Ⅲ.①贸易经济－经济发展－研究－世界 Ⅳ.①F731

中国版本图书馆 CIP 数据核字（2015）第 277852 号

产业内贸易与经济发展：理论与实证

黎振强　陈望雄　著

责 任 编 辑	孟秀芝
特 邀 编 辑	于艳昕
封 面 设 计	严春艳
出 版 发 行	西南交通大学出版社 （四川省成都市金牛区交大路 146 号）
发 行 部 电 话	028-87600564　028-87600533
邮 政 编 码	610031
网　　　　址	http://www.xnjdcbs.com
印　　　　刷	成都蓉军广告印务有限责任公司
成 品 尺 寸	165 mm×230 mm
印　　　　张	10.5
字　　　　数	163 千
版　　　　次	2015 年 9 月第 1 版
印　　　　次	2015 年 9 月第 1 次
书　　　　号	ISBN 978-7-5643-4413-9
定　　　　价	45.00 元

图书如有印装质量问题　本社负责退换
版权所有　盗版必究　举报电话：028-87600562

前　言

　　比较优势理论是强调国家优势差异原因的贸易理论，该理论以及以比较优势为理论基础的产业间贸易模式曾对发展中国家出口导向型的开放经济发展产生过深远影响，但是如果发展中国家实行单纯的、外生的比较优势战略发展国际贸易，很可能会陷入比较优势陷阱，难以缩小与发达国家的经济差距。出现比较优势陷阱的原因在于传统的比较优势战略忽略了产业结构调整、技术进步和制度创新等动态贸易利益，长期执行单纯的、外生的比较优势战略会造成一国的产业结构无法升级，而且起到固化原有产业分工的作用，使发展中国家处在国际分工的不利地位，甚至陷入贸易利益流失的境况。

　　产业内贸易理论是指垄断竞争贸易模型等强调规模经济等原因的所谓新贸易理论。研究产业内贸易理论和积极发展产业内贸易之所以重要，是因为该理论揭示了隐藏在贸易现实背后可以获得更多经济利益的实质，这对于清醒地审视世界贸易格局、选择我国的贸易发展战略具有深刻的启迪和指导意义。产业内贸易指同一产业的产品同时输出和输入两类活动，产业内贸易的产品是按照《国际贸易商品标准分类》（SITC）至少前三位数相同的产品，即至少属于同类、同章、同组的产品。

　　产业内贸易理论使企业等经济主体从追求静态比较利益的思维模式中解放出来，转而追求动态递增的比较利益。动态比较优势理论是指在全球化的发展战略下重新配置资源，实现国际化和主导产业协调发展，充分利用跨国公司的技术条件和自身市场条件以及资源优势，实现产业结构升级。动态比较优势的动态特征表现在主导产业的选择上，不是强调单一的资源禀赋优势（如廉价劳动力）来发展符合既定国际分工体系下的产业部门（如劳动密集型产业部门），而是强调产业发展的利益需要长期化。从内生经济增长理论的几类不同的增长模型中我们可以看到，内生经济增长理论强调技术进步是保证一国经济实现内生持续增长的唯一源泉，而产品品种增加是技术进步的表现形式，作为新贸易理论重要组成的产业内贸易理论,可以从经济增长理论中的内生增长理论中找到其学术渊源。基于产品差异和规模经济的贸易利益,相对于基于比较优势的贸易利益要大得多。产业内贸易理论不仅带来静态利益,更带来了许多动态利益,并且在不同的国际分工形式下,产业内贸易的利益有所不同,水平型产业内贸易带来的利益比垂直型产业内贸易更多,水平型产业内贸易有利于一国产业结构调整、技术进步和制度创新。

我国要在一个激烈的国际竞争环境中,增强经济实力,缩短与发达国家的差距,必须进行大规模的产业结构调整,通过政府扶持加速产业结构升级,在对外贸易中不仅要继续发挥现有静态比较优势,而且要实现规模经济,获取动态递增的贸易利益。从这个意义上来讲,产业内贸易理论不仅仅属于发达国家,对于我国等发展中国家也同样存在较强的适用性。改革开放以来,我国对外贸易有了长足的发展,产业内贸易也在不断地上升。产业内贸易对我国经济发展的影响巨大,它能够降低我国经济结构的调整成本,减少失业;提高技术水平,实现规模经济效益;促使我国产业结构优化和升级。但是在我国的出口商品结构中,高技术含量、高附加值的产品所占比重不高,以垂直型产业内贸易为主。理论和实证分析表明,随着我国经济发展水平的提高,产业内贸易的增长将是一个长期趋势。因此,我国应加强对产业内贸易理论的研究,采取必要的政策适时发展产业内贸易具有必要性和紧迫性,实现贸易模式由以产业"间"为主向以产业"内"为主的转变是我国经济发展的根本所在,积极发展产业内贸易有利于我国的经济发展。

本书分为三篇共9章,第1篇为理论篇,包括第1~4章,第2篇为实证篇,包括第5~8章,第3篇为结论篇,包括第9章。

第1章,笔者指出,传统贸易理论强调静态比较优势,如果发展中国家以静态比较优势理论为指导,可能会出现贸易条件恶化和贫困化增长的现象,陷入比较利益陷阱,而产业内贸易强调动态递增的比较利益,对发展中国家经济发展的作用重大。

第2章,研究产业内贸易理论的经济发展观。笔者指出,产业内贸易理论是在传统国际贸易理论和经济发展理论面临困境的情况下,吸取了内生经济增长理论的一些积极成果,是两者综合的结果。

第3章,研究产业内贸易的经济效应。本章主要从以下方面着手进行定性分析:首先,根据格利卫(Greenway)模型以图示加以分析产业内贸易的静态利益。其次，分析产业内贸易的动态利益。最后，分析不同的国际分工形势下产业内贸易利益问题，得出水平型产业内贸易比垂直型产业内贸易带来的利益更多，最终得出产业内贸易对经济发展所带来的利益是多方面的结论。

第4章，产业内贸易对我国经济发展的影响与发展趋势分析。首先，分析我国产业内贸易的发展现状与形成机制。其次，定性分析产业内贸易对经济发展的影响，在此基础上，深入探讨了我国产业内贸易的发展趋势。最后，总结得出研究产业内贸易的成因，分析其对经济发展的影响，具有重大的理论意义和实践意义。

第5章，在第1篇理论分析的基础上，对中韩两国各自汽车进出口现状以及两国之间汽车行业产业内贸易现状进行分析，汽车产业作为推动国家经济发展的重要产业，也是产业内贸易的典型范例。韩国是我国主要汽车进口国之一，在我国汽车贸易活动中占有重要地位。本章通过收集数据，采用格鲁贝尔和劳埃德产业内贸易指数（G-L）对中韩汽车产业内贸易进行测算，并进行实证分析，发现中韩两国一般民用车的产业内贸易水平较低，在此基础上提出了促进中韩汽车产业内贸易发展的若干建议。

第6章，21世纪以来，随着我国与东盟各国的经济贸易往来日益频繁，我国与东盟之间的产业内贸易额呈现逐年上升趋势，并且产业内贸易额在贸易总额中所占的比重也越来越大。本章利用格鲁贝尔和劳埃德产业内贸易指数（G-L指数），收集最近10年的相关统计数据，实证分析了中国与东盟产业内贸易指数的发展趋势，研究表明中国与东盟产业内贸易呈水平变动的发展趋势。在此基础上，进一步剖析了中国与东盟产业内贸易得以持续快速发展的有利因素，同时分析了中国与东盟产业内贸易发展的制约因素。最后提出促进我国与东盟产业内贸易发展的一些建议。

第7章，近年来随着我国经济的快速发展和"科技强国"战略的实施，我国对美国高技术产品的出口比例不断上升，并且出现了对美国高技术产品的顺差，针对该现象，本书收集了近几年中美高技术产业内贸易的相关数据，采用产业内贸易指数对中美高技术产品产业内贸易进行实证分析，研究表明虽然我国对美国高技术产品贸易存在巨额顺差，但是中美高技术产品产业内贸易指数还比较低，仍以垂直产业内贸易模式为主。对于我国高技术的优势领域，就要实施"走出去"战略，积极参与国际竞争，形成国际化经营；对弱势领域，国家要加大扶持力度和研发投入，打破不良循环，优化结构，从而提高中国高技术领域在国际上分工的地位，获取更多的产业内贸易利益。

第8章，产业内贸易的原因是多方面的，但产业内贸易不能脱离一国的经济发展水平而存在，处在不同经济发展水平的国家，产业内贸易情况各不相同。本章主要从经济发展水平（人均国民收入水平和技术进步）方面解释产业内贸易的成因，通过构建计量经济学模型，探讨了产业内贸易与人均国民收入和技术进步之间的关系。研究结果表明，长期和短期内我国产业内贸易发展水平促进了人均国民收入的增长和技术进步率的提高；反过来，人均国民收入和技术进步率对产业内贸易的发展存在显著的积极影响，并就我国产业内贸易的发展提出政策建议。

第9章，通过对产业内贸易与经济发展的理论研究和对我国产业内贸易的实证分析，得出结论。

在本书的撰写过程中，参考了国内外有关学术论文和著作，在此向有关文献的作者表示衷心的感谢。

由于作者自身水平和学识有限，书中定有不妥和错误之处，敬请读者和同仁批评指正。

黎振强

2015年8月

目录

第1篇 理论篇

1 绪 论 / 3
    1.1 研究背景与意义 / 3
    1.2 文献综述 / 4
    1.3 研究方法与创新 / 14

2 西方产业内贸易理论的经济发展观 / 16
    2.1 传统贸易理论的局限性和产业内贸易理论的形成背景 / 16
    2.2 产业内贸易理论概述 / 22
    2.3 产业内贸易理论经济发展观的学术渊源 / 30
    2.4 产业内贸易理论的经济发展观和正规模型 / 35

3 产业内贸易的经济效应分析 / 39
    3.1 产业内贸易的影响因素分析 / 39
    3.2 产业内贸易对经济发展的经济效应分析 / 45
    3.3 不同国际分工形式下产业内贸易的利益分析 / 53
    3.4 产业内贸易在国际贸易中的地位及其对各国经济发展的作用 / 57

4 产业内贸易对我国经济发展的影响和发展趋势分析 / 60
    4.1 我国产业内贸易的发展现状和形成机制分析 / 60
    4.2 产业内贸易对我国经济发展的影响 / 69
    4.3 我国经济发展中的产业内贸易发展趋势分析 / 76

第 2 篇 实证篇

5 中韩汽车产业内贸易实证分析 / 83
- 5.1 中韩汽车产业内贸易发展现状 / 84
- 5.2 中韩汽车产业内贸易指数测算和分析 / 87
- 5.3 促进中韩汽车产业内贸易发展的对策建议 / 90

6 中国与东盟产业内贸易实证分析 / 93
- 6.1 中国—东盟自由贸易区概况 / 94
- 6.2 中国与东盟产业内贸易实证分析 / 94
- 6.3 中国与东盟产业内贸易发展的因素分析 / 99
- 6.4 促进中国与东盟产业内贸易发展的建议 / 102

7 中美高技术产业内贸易实证分析 / 104
- 7.1 理论基础相关概述 / 105
- 7.2 中美高技术产业内贸易实证分析 / 107
- 7.3 促进我国高技术产业内贸易发展的对策 / 113

8 我国产业内贸易与经济发展关系实证分析 / 116
- 8.1 产业内贸易与经济发展关系理论基础分析 / 116
- 8.2 产业内贸易与经济发展关系实证分析 / 121
- 8.3 小 结 / 132
- 8.4 发展产业内贸易、提高经济发展水平的政策建议 / 133

第 3 篇 结论篇

9 结 论 / 147

参考文献 / 150

后 记 / 158

第 1 篇

理论篇

1 绪 论

1.1 研究背景与意义

改革开放 30 多年来，我国社会主义经济建设取得了长足进步，经济增长维持在较高水平，人民生活水平有了明显改善，综合国力显著增强。但是，当前经济运行中的结构性矛盾仍然比较突出，具体表现为：我国对外贸易的重要支撑力量仍然是以传统比较优势产品为主，如纺织品、服装和各类土特产等；初级产品和劳动密集型产品出口额占出口总额的一半以上；出口商品的技术含量低、附加值不高；出口商品在国际市场上缺乏竞争力。与此同时，国际市场上粗加工低附加值产品和深加工高附加值产品的价格剪刀差日益拉大，包括中国在内的发展中国家的贸易条件不断恶化。

在这样的背景下，如何开创我国新的对外贸易局面，促使对外贸易不仅继续发挥经济增长发动机的作用，而且获得日益增多的贸易利益，成为一个重要的研究课题。笔者认为，一方面我国要利用新技术改造传统产业，以提高其技术水平和竞争力；另一方面我国应在某些战略性科技领域加快创新发展，实现技术赶超，形成有中国独特优势的高新技术产业，同时扩大生产规模，获得规模经济效应，注重产品质量和技术提高的内涵型的扩张，只有这样，才能提高我国出口产品的国际竞争力，真正促进产业结构的升级和经济的发展。

内生增长理论和新贸易理论认为，国际贸易的发展促进了先进科学技术、知识和人力资本的传递，使参加贸易的各国的知识、技术和人力资本水平提高，产生溢出效应，从而带动经济增长，这是由经济系统的内生变量决定的。我们应当认真研究产业内贸易理论，原因在于产业内贸易已成为发达国家之间相互分工协作的主导形式和发达国家参与国际分工的主要途径，也是发展中国家与发达国家分工协作的新形式。产业内贸易能够促进新兴产业、主导产业的发展，具有广阔的增长前景；产业内贸易能促进规模生产、提高消费者的效用和生活水平。本书研究产业内贸易理论的最终目的是为了探索产业内贸易发展的客观规律，以期结合中国的具体国情，通过有目的地发展产业内贸易，形成具有国际竞争力的企业和主导产业，从而促进我国经济发展。

1.2 文献综述

1.2.1 国外有关内生增长理论研究综述

国际贸易在经济发展中起着极为重要的作用。在关于发展问题的研究中，将国际贸易与经济发展结合起来是十分必要的。因此，国际经济学界出现了一些对贸易理论和发展理论进行新综合的观点。新综合在贸易理论中引入产业组织理论，认为在现代国际贸易环境中不完全竞争是国际市场结构的主要形式，规模收益递增是国际贸易的基础，强调外部性在国际专业化中的作用。鉴于本研究的目的，下面分别从内生经济增长理论（新经济增长理论）和产业内贸易理论两方面进行简要的理论综述。

经济增长一直是国内外学者研究的核心课题之一，经济的持续、快速与健康增长是各个国家和地区发展的根本保证，也是各国政府宏观调控的目标之一。经济增长理论关注经济的长期持续增长问题，并力图解释导致经济增长以及各国经济增长存在巨大差异的原因。古典经济学家首先探讨了经济增长问题，对经济增长过程的分析是以亚当·斯密、李嘉图和马尔萨斯为主要代表的英国古典经济学家的核心工作，他们是研究经济增长理论的杰出前驱。亚当·斯密强调劳动专业化分工对经济增长的重要性，李嘉图则强调国际贸易对经济增长的贡献，而马尔萨斯则强调人口与经济增长的关系，但他们的研究视野都被局限在识别影响增长的因素和说明决定经济增长过程的机制上。

哈罗德（1939，1948）和多马（1947）提出了经济学界的第一个经济增长理论模型，使经济增长问题的研究从定性分析走向了定量分析，哈罗德-多马模型既是对凯恩斯宏观理论的进一步扩展，又是现代经济增长理论研究的起点，标志着主流经济学开始将经济增长的理论研究作为重要的研究课题。按照哈罗德-多马模型，决定一国经济增长的最主要因素有两个：决定全社会投资水平的储蓄率和反映生产效率的资本/产出（K/Y）比率。由于假设前提中资本与劳动不能替代的局限，在该模型中，资本和劳动同时实现充分就业的稳定状态的经济增长很难实现，即经济长期均衡增长路径呈现出"刀刃"特征。哈罗德-多马模型是经济学界运用数理经济方法研究经济增长理论开始的标志，是对经济增长理论研究的一次重大革命，他们对资本积累和劳动就业的研究，对以后的经济增长理论模型将资本和劳动作为经济增长所必须依赖的两大要素，显然具有直接影响。这一模型是现代经济增长理论研究的起点，也是将经济增长理论模型化的现代经济增长模型研究的起点，同时也是经济增长理论模型内生化进程的出发点。

哈罗德-多马模型强调物质资本的增长对现代经济增长的决定性作用，这是以后的经济增长理论研究经济增长率的起点，该模型中包含四个外生的参数，即资本/产出比、储蓄率、技术进步的速度和人口增长率，以后的经济增长理论模型的发展基本上都是围绕这四个外生变量内生化而进行的。

索罗（Solow）在哈罗德-多马模型的基础上新引进了三个假设：一是总量生产函数同柯布-道格拉斯生产函数（C-D生产函数）一样具有新古典性质；二是劳动和资本这两种生产要素在任何时刻都处于供求均衡状态；三是劳动和资本可以相互替代。在此基础上，1956年索罗提出的新古典经济增长模型，形成了近半个世纪几乎所有的经济增长理论模型研究的标准范式，对以后经济增长理论模型研究产生了五方面的影响：① 从索罗模型开始，新古典生产函数就成了经济增长理论模型中标准的总量生产函数。② 在索罗模型的影响下，"整个经济时刻都处于动态一般均衡状态"成了经济增长理论模型中的通则。③ 索罗模型将给定人们掌握的技术下的劳动生产率内生化，于是在其模型中引入了著名的代表技术水平的变量 A。④ 索罗模型在经济增长理论中确立了一个思想传统,即它使经济增长理论变成了完全从供给方面研究长期经济增长的根源。⑤ 在索罗模型的影响下,主流经济增长模型都以自己的长期增长稳态来解释形成"卡尔多稳态"的原因。

索罗模型通过假设资本和劳动之间的替代解决了哈罗德-多马模型中经济增长路径的"刀刃"问题,但该模型假定技术进步是外生给定的,不能解释技术进步是怎么产生的,不能解决没有外生给定技术进步时产生人均产出的长期增长问题,也不能显示出各国经济增长的差异性(非趋同性)。此外,模型中的储蓄率也不是通过个人的消费与储蓄的动态最优化行为为内生决定的。可以说,索罗模型能解释经济增长中的许多问题却不能解释经济增长本身。

20世纪80年代以来,以罗默、格鲁斯曼、赫尔普曼、阿格汗和哈威特等为代表的新(内生)增长理论(又称R&D模型),将知识、技术进步或技术创新在模型中内生化,从而在新古典增长理论的基础上,大大拓展了经济增长理论。在实践中,内生增长理论对各国政府加强技术创新激励,提供了坚实的理论依据。

内生增长理论直接描述经济增长的内在机制,罗默在1986年智能性的突破中,将资本的私人报酬与社会报酬部分分离。他认为投资不仅产生新机器,而且产生新的工作方式,这是因为有时是有意识地对研究工作进行投资,有时则是无意识中发现了副产品。尽管厂商攫取了新机器的生产利益,但因为方法与思想易于复制,要从新方法与新思想中攫取好处要困难得多。

从产生规模经济效应的内生增长理论看,在以罗默(Romer)为代表的增长模型研究中,采用迪克西特-斯蒂格利茨(Dixit-Stiglitz,简称D-S)函数形式为假定前提,这种函数形式具有可加性与可分性的特征,其实质是各种产品之间不具有任何替代性。换言之,任何个人的产品创新活动不会对他人造成负面的影响。在此条件下罗默给出了一个关键的假定:知识或技术存量对其自身增长具有不变规模收益,正是这一较特殊的假定条件,导致了正的规模经济效应的产生,通过技术(知识的运用)内生化给经济增长源泉一个新的解释,罗默把知识分解为一般知识和专业化知识,一般知识可以产生规模效益,专业化知识则产生要素的递增效益,两种效应的结合使所有的生产要素都产生递增的收益。对于个别厂商来说,规模递增的收益形成垄断利润,而垄断利润又成为新产品的研究与开发（research and development，R&D）的资金来源，这就是经济能够在长期持续增长，以及世界各国或不同企业之间的经济增长率、人均收入水平等方面产生巨大差异的主要原因。

同罗默的知识内生化经济增长模型不同，卢卡斯（Lucas）把人力资本内生化进入增长模型，即假定知识内含于人力资本之中。美国经济学家舒尔茨把资本分为物质资本和人力资本，认为通过教育、卫生等方面的投资，把一般的人力资源转变为具有较高质量（包括体力、智力、技能等）的人力资本后，能够产生"知识效应"和"非知识效应"，促进经济增长，并且，人力资本能够产生递增效益，可以扭转资本和劳动要素边际收益递减的趋向。因此，舒尔茨（Schults）认为人力资本是使经济稳定增长的保证。卢卡斯强调通过正规教育获得人力资本积累的重要性和人力资本的外部效应。格鲁斯曼（Grossman）和赫尔普曼（Helpman）是 R&D 学派的代表人物，在 20 世纪 90 年代初建立了以技术创新而非人力资本积累为基础的内生经济增长模式，该模式假定企业面临着这样一种决策机制：企业在研究与开发领域进行投资（实质上为物质投资），而研究与开发活动反过来又会帮助企业发明新产品或促进技术进步。他们认为，研究与开发投资决策取决于研究开发的成本和收益，前者取决于劳动力成本以及企业获取的知识，后者则取决于企业出售发明的新产品、新技术所获得的利润。企业获取的知识越多，从事研究与开发活动的成本就越低，研究与开发还使企业有了新发明的机会，这种发明完全拥有私人产权，但同时使公共知识存量增加，而这种公共知识存量具有外部性和共享性，各个企业都可以从其他企业所从事的研究与开发活动中受益，也就是说，研究与开发具有完全的外溢效应。

总之，国外内生增长理论与模型的出现使经济增长理论研究发生了深刻的变化，突出的贡献表现为从理论上论证了知识积累和技术进步是经济增长的决定性因素，这一理论还具有丰富的政策内涵，即对国家经济政策特别是财税产业政策的制定以促进技术进步提供了有益的思路。在我国有关经济增长的理论研究中，总的研究框架局限在新古典增长模型内，而从我国的实际情况来看，做出生产函数符合新古典特征的假定似乎有值得怀疑之处，原因在于我国经济高速增长的发生改革开放以来（特别是 20 世纪 80 年代）一直遵循着"自下而上"的改革，本质上是一个学习、改进和创新不断发生的过程，这个过程最显著的特征是使用合同替代政府控制。自 20 世纪 70 年代末期实施的改革开放的政策所释放的制度潜力极大地促进了我国生产率的提高，至少在这种制度潜力被释放殆尽之前，我们有理由怀疑资本的边际报酬递减的新古典性质。因此，在内生增长框架内分析我国经济的发展可能更有实际意义。

1.2.2　国外有关产业内贸易研究综述

20 世纪 60 年代以来，产业内贸易成为世界贸易发展模式的主流。产业内贸易问题的研究大致分为两个方面：

一是关于产业内贸易的经验性和统计性研究，其代表人物有佛德恩（Verdoorn）、密契里（Michaely）、巴拉萨（Balassa）和小岛清（Kojima）等。

1960 年佛德恩在对荷兰、比利时与卢森堡经济联盟（Union Economique Benelux，简称"荷比卢经济联盟"）的贸易格局变化的研究中，测算了 121 种样本产品的双边贸易比率，而后他分析发现，由于经济上的联盟，双边贸易壁垒的相对值下降，但双边贸易比率的中位数值提高了。他认为与经济集团内贸易相关的生产专业化形成于同种贸易类型之中，而不是异种贸易类型之间。此外，他还发现荷兰与荷比卢经济联盟其他成员国之间的双边出口价格存在较大的波动性，这表明荷兰贸易产品具有较大的异质性和产业内呈专业化发展的倾向。

1962 年密契里在计算了 36 个国家 5 大类商品的进出口差异指数后指出，就一般情况而言，高收入国家的进出口商品结构呈明显的相似性，而大多数发展中国家则相反。此后，巴拉萨在对欧洲共同体（现欧洲联盟）制成品贸易情况进行分析后认为，制成品贸易的增长大部分发生在以国际商品标准分类（SITC）体系划分的商品组内，而不是在商品组之间，1966 年巴拉萨把这种新的贸易现象称为产业内贸易（intra-industry trade，IIT），也有人称其为双向贸易（two-way trade）和贸易重叠（trade overlap）。

日本学者小岛清在研究发达国家间贸易格局时，也注意到高度发达的经济发展水平相似的工业化国家之间在同一产业内水平制成品贸易的迅速增长，并认为产业内贸易现象背后必然包含着一种新的原理。

二是以格鲁贝尔（Grubel）和劳埃德（Lloyd）等学者为代表，1975

年格鲁贝尔和劳埃德在他们合作编写的《产业贸易：差异性产品中国际贸易的理论与测度》一书中首先开始了对产业内贸易开创性的理论探索。他们认为新要素比例理论可以解释产业内贸易现象，提出要对产业内贸易现象进行系统和全面的解释，还必须从产品的差异性和规模经济入手建立一个全新的理论体系。尤其是1977年迪克西特（Dixit）和斯蒂格里茨（Stiglitz）发表的《垄断竞争与最优产品多样化》一文，标志着产业内贸易研究进入了新的理论探讨，尤其是从市场结构视角进入研究产业内贸易的第二阶段。

此后，以克鲁格曼、伊塞尔、兰开斯特、布兰达尔和赫尔普曼为代表的一批西方经济学家相继发表了关于规模经济和不完全竞争与国际贸易的论文和著作，这些学者在非完全竞争体系的基础上对产业内贸易现象做了说明。随着产业内贸易理论研究的不断深化以及世界各国经济贸易往来的日益频繁，Dixit（1977）、Stiglitz（1977）、Krugman（1979）和Helpman（1981）等学者先后尝试着将张伯伦的垄断竞争理论运用到产业内贸易的研究和分析中，从而提出了全新的张伯伦产业内贸易模型，从不完全竞争、规模经济及产品差异化三个方面解释在要素禀赋相同的国家之间开展产业内贸易的原因。Lancaster（1980）和Brander（1981）则分别从消费偏好的多样化和厂商的竞争性策略选择等方面尝试着对产业内贸易发生的原因进行解释。

从20世纪70年代后期开始，随着南北贸易和南南贸易之中产业内贸易的迅速崛起，Balassa（1979）、Caves（1980）、Roosens（1980）、Greenaway和Milner（1995）等学者分别对一些发展中国家和高收入发达国家的样本进行研究，这些学者指出第二次世界大战之后所形成的一体化趋势以及关税壁垒现象的削减，在实质上促进了发展中国家产业内贸易的发展。研究数据还显示，在北北贸易、南北贸易以及南南贸易中，垂直型差异化产品贸易是产业内贸易的主要形式。随着东亚经济的迅速发展和崛起，Hellvin（1996）、Hu和Ma（1999）、Yoshiike（2002）以及Ishida（2002）等学者对东亚的产业内贸易进行了大量的实证分析，同样发现垂直型产业内贸易是东亚区域内产业内贸易的主要形式。通过建立包括对外直接投资（foreign direct investment，FDI）在内的模型，Feenstra以及Hanson（1996）、Slaughter（2000）、Kimura（2001）以及Kyoji等学者尝试着分析垂直型产业内贸易的决定因素，指出跨国公司及其直接投资为产业内贸易的发展起到了关键性的推动作用。Bergstrand 和 Egger（2006）将运输成本引入到赫尔普曼-克鲁格曼（Helpman-Krugman）模型，研究贸易成本与产业内贸易之间的关系，他们的研究表明贸易成本与产业内贸易存在负相关。

在亚洲，对产业内贸易的研究则主要集中在以日本的垂直型产业内贸易为主要研究对象进行的分析。另外，国外学者的一些文献也对发展中国家的产业内贸易进行了大量的研究，如 Hellvin（1996）对我国和 OECD 国家的产业内贸易进行了统计测度与实证研究，Hu 和 Ma（1999）对我国与 43 个贸易伙伴的水平型产业内贸易和垂直型产业内贸易进行了测算与实证分析。

21 世纪以来，国外发达国家贸易问题尤其是产业内贸易问题得到了长足深入的专门研究，产生了大量的产业内贸易发展理论与实证分析成果，尤其是对欧盟产业内贸易的研究十分具体与详细。如 Hubert Gabrisch 和 Maria Luigia Segnana（2003）关于欧盟与其候选国的产业内贸易的相关研究，William Davidson（2003）关于转型国家垂直型和水平型产业内贸易的实证分析，Kishor Sharma（2002）关于澳大利亚制造业的产业内贸易的相关探讨等。另外，Imre Ferto（2005）研究了欧盟乳制品产业内贸易的影响因素，Nuno Carlos 和 Faustino（2008）对葡萄牙的食品加工业产业内贸易国家层面影响因素和产业层面影响因素进行了研究。

1.2.3　国内有关产业内贸易研究综述

与西方国际贸易理论的发展相比，国内在这一领域的研究似乎落后了许多，改革开放以前，为了适应计划经济体制的需要，我国有限的对外贸易实践主要依据的是互通有无、调剂余缺的指导思想。改革开放之初，理论界曾经就国际价值转移论、国际贸易中的不平等交换以及对外贸易能否增加一国价值量等问题展开热烈讨论，反映出这一时期我国在国际贸易理论研究上的局限性。在我国，对西方贸易理论的研究和认同是从李嘉图的比较优势（利益）理论开始的，这主要是出于对劳动价值论的共同理解，由于以论述单一产品价格决定为核心的国际价值论和以论述两种产品相对价格决定为理论核心的比较利益理论之间具有理论上的内在联系，因此，比较优势理论以及与之有理论渊源关系的要素比例理论的基本观点很快就为国内绝大多数经济学家所接受，并逐步成为指导我国贸易实践的重要理论依据。

近几年，随着我国改革开放的不断深化和对外经贸联系的日益加强，对西方贸易理论的研究更加具有现实意义和针对性，涉及的问题也更广泛、更全面，并出现了一些具有一定学术水平和政策应用价值的研究成果。总的说来，当前国内对西方贸易理论的研究仍以介绍和评价为主，系统而深入的研究和理论探索仍不多见，概括而言，当前国内的贸易理论研究的理论重点仍局限于传统的比较利益理论和赫克歇尔-俄林定理（H-O定理）的理论范畴，对20世纪80年代以后出现的以规模经济和不完全竞争为主要特征的新贸易理论的研究尚显不足，其丰富的政策内涵也有待进一步的挖掘，而且大多理论研究都局限于国际贸易利益的静态分析，对于国际贸易与一国经济增长之间的相互关系等这样一些动态贸易理论问题尚缺乏深入分析，因此，我国学者关于产业内贸易的研究仅仅停留在对西方贸易理论中该领域有关观点的译介方面，其研究成果也仅零散地见于一些学理性较强的期刊之中，没有形成比较完整的理论体系。

尽管我国国内针对产业内贸易的研究起步较晚，但经过几十年的发展也取得了不少的理论与实证研究成果。例如，岳昌君（2000）对中美两国产业内贸易的对比实证分析认为，发展产业内贸易符合动态比较优势。孔庆锋（2001）通过理论解说和实证分析认为，在西方占主流地位的产业内贸易理论对我国有重要的启发和指导意义，我国对外贸易的方向应是获取动态递增的贸易利益。翟银燕、李国强（2002）分析了发展中国家与发达程度不同的国家实现自由贸易和不同的要素禀赋者的福利变化，而后得出了同发达国家进行自由贸易受损者不占多数，但都是熟练劳动要素含量高于该国人均熟练劳动要素存量一定倍数的阶层，与越发达、劳动规模越大的国家实现自由贸易，发展中国家中受损者越少。许丹（2002）的研究表明产业内贸易的发展给贸易国带来了贸易利益，带动了贸易国的技术进步和产业升级。罗余才（2002）的研究指出产业内贸易已经成为影响国际分工、加快国际贸易、促进新兴产业和主导产业形成的重要因素，并指出发展我国农产品产业内贸易的重要性。苑涛（2002）研究了产业内贸易的经济调整成本，指出产业内贸易比产业间贸易的调整成本低，则产业内贸易的增加会减轻贸易自由化对国内劳动力造成的冲击。宋青梅、李元杰（2003）在分析产业内贸易对发展中国家的适用性中，认为产业内贸易并不仅仅适用于发达国家，发展中国家通过全面加入全球经济一体化中的分工与专业化生产，也可以获得产业内贸易的好处。曾国平、刘海霞（2003）在论产业内贸易的动因及其与跨国公司的互动中，分析产业内贸易的两种重要形成因素，即规模经济及产品差异化，并且结合近年来跨国公司在国际经济舞台上的活跃表现，分析其与产业内贸易的互动作用。刘文革（2003）分析了发展中国家与发达国家的垂直型与水平型产业内贸易条件和机会认为，在一定条件下，发展中国家可以通过局部领域的高科技创新，超越要素禀赋分工基础与发达国家进行水平型产业内贸易，并且指出发展中国家应采取措施扶持国内高新技术产品的生产和出口，以期通过技术积累获取竞争优势和提升国际分工地位。陈雯（2003）对东盟自由贸易区内的产业内贸易进行了实证研究，发现区内产业内贸易对扩大自由贸易区内贸易贡献率大于产业间的贡献率，说明东盟自由贸易区的合作有助于东盟产业内贸易的发展。杨建宇（2003）在其论文有关产业内贸易与经济发展的理论研究中，通过基于规模经济贸易原理的产业内贸易及其对经济发展的绩效分析，提出发展产业内贸易是发展中国家利用国际贸易推进经济发展的必由之路，也是经济发展中贸易政策的必然选择。宋全成（2003）研究表明，2002年中美产业内贸易水平低于中日、中欧、中国与东盟之间的产业内贸易水平。平新桥（2005）重点研究了中美贸易的垂直专门化比率认为，在中美贸易中，美国处于价值链的高端。孙华好和许亦平（2006）通过构建计量模型在理论和实证两个层次上探讨了当世界经济一体化方式由传统的国际商品贸易深入到资本、技术等要素的国际配置时，必须建立一套完整的、有理论依据的、基于所有权的国际贸易统计框架，这对于中美或者对任意两个国家的贸易往来和经济发展都有着长远的意义。孔瑞（2006）对中美产业内贸易总体水平、分行业水平以及产业内贸易类型进行量化分析，进而分析了中美产业分工结构和产业竞争力的变化认为，中美的产业内贸易仍以垂直产业内贸易为主。殷德生、唐海燕（2006）认为，产业内贸易对经济发展的影响则取决于人力资本效应、贸易竞争效应以及这两种效应的比较。徐新伟（2007）认为，产业内贸易通过规模经济推动经济增长。许统生（2006）认为，产业内贸易通过规模经济、"干中学"、人力资本和企业的制度创新等推动经济增长。王晶(2008)等对中国农产品产业内贸易水平进行了测度。李佳佳(2009)、吴学君(2010)对中国农产品产业内贸易决定因素进行了分析。吴学君(2011)对加工食品产业内贸易的技术进步效应进行了实证分析。孙莹、陈昊晴(2011)对中美高技术产品贸易情况进行了分析,并明确指出了我国贸易竞争力的薄弱的特点,并从技术创新的角度为促进两国贸易发展提出建议。万兆泉(2012)对中美产业内贸易对劳动力市场成本的影响进行研究,依据"平滑调整假说",分析了中美产业内贸易程度与贸易引致的就业调整成本的关系,得出产业内贸易程度越高、贸易调整成本越小的结论。张建梅(2011)通过对2000—2010年中美汽车产业内贸易指数计算,得出结论:中美汽车产业内贸易水平较低,且平均出口单价较低,平均进口单价较高。中国对美国仍倾向于出口劳动密集型的汽车零部件产品。巫宜朋等(2013)对中国汽车产品产业内贸易的发展现状进行了研究分析,发现目前中国汽车产销情况良好,自主创新能力有所提高,但整体发展速度缓慢,未来发展环境依旧严峻。这些研究都为进一步探讨我国汽车产业内贸易发展提供了经验和指导。邹宗森(2013)对中美高技术产品的分工与贸易模式进行分析,认为在国际贸易分工中,我国大部分的高技术产品都处于产业链的低端,并十分缺乏竞争优势,在此基础上,他提出要多角度解决中美高技术产品的贸易问题,政府应为高技术产业营造良好的制度环境等一些重要的对策建议。刘威和金山(2014)在中美高技术产业贸易模式的测度研究中,通过采用 G-L 指数对10类高技术产业进行详细分析,他们指出我国应在不同的高技术领域采取差异性对待策略,从而使我国的高技术贸易发展提高到一个均衡的水平,实现贸易升级,增加我国的实际贸易利益。

从上述国内学者研究中可以发现,我国对产业内贸易的研究起步较晚,但经过近几十年贸易实践发展的总结,也取得了丰富的理论成果。概而言之,国内学者对产业内贸易的研究主要有以下几个方面:

第一,对产业内贸易理论、测量方法进行介绍、补充和修正,如产业内贸易的测算(黄晶晶,2008)、产业内贸易理论演进(章丽群,2011)等。

第二,运用西方产业内贸易理论来研究我国的具体产业问题,如产业内贸易对中国技能工资的影响(丁守海,2014)、我国省域之间产业内贸易分析(张卓颖,2011)等。

第三,对我国与其他国家或地区的产业内贸易进行比较分析,探寻我国产业内贸易发展中存在的问题，并提出相应的政策建议，如中日服务业产业内贸易问题实证分析（王涛，2010）、中美产业内贸易对劳动力市场成本影响研究（万兆泉，2012）等。

这些研究都极大地发展和完善了产业内贸易理论，产生了积极的学术影响。由于产业内贸易产生并主要发展于发达国家之间，对它的大多数理论探讨又来自于西方的经济学家，因而国内学者鲜有将它同我国的经济发展联系起来进行动态分析的理论尝试。总而言之，先前国内外学者有关产业内贸易的系列研究文献极大地丰富了产业内贸易理论，对产业内贸易发展的动因、影响与制约条件等进行了具体剖析，并提出了促进产业内贸易发展和经济发展的、较为具体的政策建议，这些理论与实证成果为本书进一步深入研究产业内贸易与经济发展的关系提供了理论基础与参考资料。

1.3 研究方法与创新

1.3.1 主要研究方法

本书是一个对策性研究课题，在研究方法上，采用经验研究与理论研究相结合，理论研究与应用研究相统一，从具体和复杂到抽象和简单、再由抽象和简单上升到具体和复杂的研究方法。具体而言，包括如下研究方法：

一是归纳演绎法。在检索收集相关文献资料并全面深入研究的基础上，运用归纳演绎法探讨产业内贸易经济发展观的学术渊源。

二是比较研究方法。结合国际国内情况，通过国际比较、产业比较，全面地分析产业内贸易对经济发展的促进作用。

三是实证研究方法。将把经验实证（统计分析）和计量经济学模型实证结合起来，通过案例分析得出发展产业内贸易的经验启示，通过计量经济学模型实证分析产业内贸易与经济发展的关系，从而为我国政府和企业制定政策，为促进产业内贸易和经济发展提供科学决策依据。

1.3.2 主要创新之处

第一,利用产业内贸易的正规模型,得出规模经济是国际贸易的动因之一。产业内贸易可能是追求规模收益递增的结果,它强调一国经济的动态比较优势。

第二,新增长理论是经济增长理论研究的最新成果,对发展中国家的经济发展具有启示作用。本书从垄断竞争条件下新增长模型的一种——产品品种增加型模型和完全竞争条件下的规模收益递增长模型中分析了产业内贸易的经济发展观。

第三,对产业内贸易的动态利益做了进一步的探讨,分析了不同国际分工形式下产业内贸易的利益问题。

第四,分析了产业内贸易的影响因素中自由贸易区内贸易创造和贸易转移的正面效应。以往的自由贸易区效应分析大都强调贸易创造的正面效应和贸易转移的负面效应,本书笔者认为两者都可以提高各成员国的经济规模,促进区域内产业内贸易的发展。

第五,实证分析了我国与不同类型的国家之间开展产业内贸易的现状与问题,以及我国产业内贸易和经济发展的关系,得出随着我国经济发展水平的提高,产业内贸易将会得到更快更好地发展;同时,产业内贸易的发展,也有利于我国获取经济增长、技术进步和产业结构升级等贸易利益。

2 西方产业内贸易理论的经济发展观

2.1 传统贸易理论的局限性和产业内贸易理论的形成背景

2.1.1 传统贸易理论的局限性

有关国际贸易与经济发展的理论最早可以追溯到17世纪的重商主义时期。当时欧洲正处于资本原始积累阶段。重商主义是资本主义产生时期代表商业资产阶级利益的经济思想和政策体系,其基本思想主要反映在关于财富、对外贸易和国家作用的看法上。该思想的核心是,财富的代表是贵重金属——金银,要取得金银就应鼓励出口、限制进口,以取得对外贸易顺差。所以,重商主义为政府开具的调节经济的处方是保护关税政策,取消进口,因为进口会导致本国贵重金属的流失,同时鼓励出口,因为出口会导致贵重金属的流入。这一观点反映了资本原始积累时期,商业资本家对货币或贵重金属的认识。其局限性主要体现在两个方面:一是把经济研究局限于流通领域,认为财富和利润是在流通过程中产生的,特别地认为对外贸易是财富和价值增值的源泉局限于流通领域;二是未揭示产生贸易的根本原因与利益。

亚当·斯密秉承他的"看不见的手"的经济学观点，对重商主义的贸易理论进行了有力的批判，提出了国际贸易的绝对优势理论，可以说，该理论是传统贸易理论的开端。绝对优势理论认为，如果 A 国生产 X 产品比 B 国的劳动生产率更高，而 B 国生产 Y 产品比 A 国劳动生产率高，显然，A、B 两国各自集中生产其具有绝对优势的产品，然后向各自的贸易伙伴出口，相比不进行贸易的情况而言，会使双方消费更多的商品，而扩大消费正是贸易的基本目标。亚当·斯密的推理是绝对优势理论，其对社会生产力的发展曾有过积极作用。它有助于说明某些政府破除自《国富论》发表后 100 年间设置的许多无效的国际贸易壁垒。然而，亚当·斯密并未能解释：如果 A 国在生产 X、Y 两种产品方面均比 B 国有优势，A、B 两国之间是否仍该进行贸易的问题。

李嘉图用比较优势原理解答了这个问题。他证明，即使 A 国在生产 X、Y 两种产品方面都更有优势，但总有一种产品的优势相对更大些，那么，该国专业化生产这种比较优势较大的产品，B 国生产比较劣势较小的产品，通过交换后，双方仍能从贸易中获益。李嘉图在解释比较优势原理时，假设边际成本是一个常数，由此得出的结论是，各国将进行完全的专业化，国际分工和自由贸易的利益应按比较优势原则进行。李嘉图说明了各国成本条件的相对差异，可以成为获得贸易利益的基础。但和亚当·斯密一样，他的理论仍集中在供给的成本分析方面，忽略了需求面的影响，所以无法解释贸易利益在各国之间的分配问题。另外，现实中各国贸易经验表明，许多行业具有边际成本递增的性质，而且现实世界也没有显示出完全的专业化。

哈伯勒通过采用他所提出的机会边际成本递增凹向原点的生产替代曲线，解释了不完全的专业化，使比较优势原理更趋完善。比较优势原理是从成本方面即供给方面来解释贸易的动机，只有供给没有需求就无法确定国际贸易交换的比价。约翰·穆勒用相互需求理论对此进行了解释，才正式将需求面的分析纳入到李嘉图的比较优势理论中，回答了"国际价格比率即贸易条件是如何决定的"这一问题。他认为，自由贸易的直接利益在于进口，除此之外，自由贸易还会带来许多间接利益。但他无法说明国际贸易交换比价的形成基础，不能解释为什么国家之间开始贸易之前价格不同、是什么因素造成了比较成本的差异、各个国家的生产可能性曲线为什么会有不同的形状等问题。

各国进行贸易之前存在价格不同可能有很多原因，比如说在需求格局、宗教信仰、技术水平等都可能有差别。但赫克歇尔和俄林怀疑需求或技术因素能否解释我们在现实世界中观察到的大部分国际上的价格差别。他们认为，比较成本的关键在于生产要素比例。如果小麦在美国更便宜，是因为美国比世界其他国家拥有相对更多的密集用于小麦生产的土地。土地越多，土地价格越便宜，小麦的成本越低，造成小麦价格更便宜。因此赫克歇尔-俄林理论（H-O理论）认为，贸易开始前美国小麦便宜，原因是存在这种相对要素禀赋和要素使用密集度形式上的差异。H-O理论预见，各国要出口那些密集地使用它们充裕的生产要素的产品。俄林用新古典的方法对比较优势来源的解释被保罗·萨谬尔森进一步强化了。他推导并证明了H-O理论的十分正确的数学条件，甚至比H-O理论更进一步。斯托尔珀-萨谬尔森定理（S-S定理）认为，在一些假定条件下，特别是规模收益不变和完全竞争的假定条件下，从没有贸易到自由贸易的转变，毫无疑问地提高了价格上升产业所密集使用的要素的收益，降低了价格下降产业所密集使用的要素的收益。这种理论说明国际贸易存在收入分配效应，即国际贸易几乎必然将社会分为贸易的受益者与贸易的受害者，因为商品相对价格的变化，将以牺牲某些生产要素的收益为代价而提高另一些生产要素的收益。这就可以解释为什么自由贸易政策历来就有很多反对者。贸易在任何国家的确会损害一些特殊集团的利益，在某些情况下甚至还损害一些部门的利益。雷布钦斯基定理（Rybczynski）表明，在一个有两种商品的世界中，如果价格是不变的，一种生产要素的增长实际上削减一种商品的产出，它正确地解释了当发展某一个出口部门时，可能会损害到其他部门的利益。保罗·萨谬尔森不但证明了斯托尔珀-萨谬尔森定理，而且做出了更为惊人的"贸易对要素价格和收入分配影响"的预见，即要素价格均等化定理（factor price equalization, FPE）：在一些严格的假设条件下（当然仍是新古典的假设），各国工人都得到相同的工资收入。

从以上对传统贸易理论形成发展的论述，可以对传统贸易理论的内涵进行一个简要的概括：传统贸易理论是以比较优势理论为基础（李嘉图的绝对优势理论只不过是其特例），包括H-O定理、斯托尔珀-萨谬尔森定理、雷布钦斯基定理和要素价格均等化定理的一整套完整而严密的综合体系。这一套理论是建立在完全竞争、规模收益不变等假设条件的基础上的,对贸易的起因、动力、贸易利益的分配、贸易的格局、贸易方向等进行解释的新古典学说。传统贸易理论的主要政策结论是:政府不应干预贸易,要鼓励最大限度的竞争,取消关税和非关税壁垒,这样作为一个整体的国家和世界才会从自由贸易中获利。

传统贸易理论由赫克歇尔-俄林理论进行了全面的总结,它们需要一系列严格的前提假设才能成立,包括规模报酬不变、完全竞争、产品无差别、技术水平不变、要素质量相同及数量保持固定不变、要素在两国之间完全不流动、不考虑需求差别、无交易成本、实行自由贸易等,显然这些前提假设与现实经济有严重背离,这是传统贸易理论无法解释当代国际经济格局的一个主要原因。传统贸易理论强调的是比较优势的外生性与静态性,只注意到以静态比较优势参与国际分工后贸易所得的绝对增加,而没有看到贸易所得的相对减少。事实上,当今发展中国家的发展问题,不是纵向比较自己有了多大的进步,而是要在国际上缩小与发达国家之间的经济差距,从而追赶上发达国家。在国际竞争中,如果一国比另一国经济增长得慢,即使自身增长已经远远高于过去,仍然落后。可见,根据传统静态比较优势原理而进行的自由贸易安排,将扩大发展中国家和发达国家之间的差距,并且传统贸易理论在假设前提等方面固有的缺陷,导致它脱离现实世界的实际情况,对经济发展的指导意义日益有限。如果发展中国家依据传统贸易理论,只注重静态的分工利益,而不注重动态比较优势的培育,那么不但不会促进国家福利的改善,反而会延误产业升级的有利时机,不利于一国经济的发展。

2.1.2 产业内贸易理论的形成背景

瑞典经济学家俄林(Ohlin)在 1933 年以前就已经注意到了产业内贸易,但是直到 20 世纪 60 年代中期,产业内贸易才引起了西方经济学家的重视。在当时,随着西欧经济的重新崛起和日本经济的高速发展,世界经济格局发生了重大变化,国际市场演变为不完全竞争的市场结构,发达国家之间的劳动—资本比率由巨大差异发展到了相近或相同,技术和劳动生产率的差距也日益缩小。在贸易自由化的进程中,这种趋同导致了国际贸易竞争的加剧。同时,原有的发展中国家中的一部分国家充分利用这段世界经济发展的黄金时期，灵活运用合理的经济发展战略，晋升加入新兴工业化国家的行列。这些国家和地区的出口产品在国际市场上也具有很强的竞争优势，对原有发达国家的同类产品构成极大的威胁，贸易竞争的加剧，导致贸易摩擦日益频繁。

期间，国际贸易出现了两种倾向：第一，发达工业国家之间的贸易量大大增加。在20世纪50年代，西方发达工业国家之间的贸易总额中只有40%左右，大部分贸易发生在发达国家与发展中国家之间。从20世纪60年代开始，这种贸易格局逐渐改变，贸易总额比例上升到世界贸易量的2/3左右；到了20世纪70、80年代，这种发达国家之间的贸易总额已占世界贸易量的3/4以上，成为国际贸易的主要形式。第二，产业内贸易大大增多，产业竞争加剧。多数国家不仅出口工业制成品，也大量进口相似的工业制成品，出现了一个国家在同一产业内既有出口又有进口的"产业内贸易"。发达国家传统的"进口初级产品——出口工业制成品"的"产业间贸易"模式逐渐改变，同时一部分发展中国家也开始改变"进口工业制成品——出口初级产品"的贸易模式。传统贸易理论以李嘉图的比较优势理论为核心，认为各国应致力于更多地生产相对更有效的产品，并出口这些产品以换回生产上处于劣势的产品。而赫克歇尔-俄林的要素禀赋理论指出，各国应该出口那些在生产上密集地使用本国丰富的生产要素的产品，并进口那些在生产上密集地使用本国稀缺的生产要素的产品。由于发达国家和发展中国家要素禀赋的巨大差异，大量的国际贸易应该发生在这两类国家之间，这就意味着国家之间的相似性与贸易量之间成反向关系。然而事实上，世界贸易的大部分是在要素禀赋比较相似的发达工业化国家之间进行的。而且，在战后世界经济发展的绝大部分时间里，发达国家之间的贸易份额以及这种贸易占这些国家收入的份额都在上升，以大多数标准来衡量，这些国家越来越相似了。不仅如此，如果国家间的差异是贸易的唯一源泉，我们可以预期贸易构成应该反映这一事实。特别地，各国应该出口那些要素含量反映它们资源禀赋的产品，但实际的贸易模式中却包括大量的要素密集度相似的产品的产业内贸易。产业内贸易的迅速发展，对赫克歇尔-俄林的要素禀赋理论提出了挑战，因为这种新的贸易倾向不能用"资源配置"来解释。产业内贸易的发展显然也没有遵循传统贸易理论完全竞争和规模收益不变这两个基本假设条件。相反，大量的产业内贸易是垄断竞争厂商和寡头垄断厂商所生产的差异产品之间的交换,而垄断竞争和寡头竞争都是不完全竞争形式,它们的生产都要受到规模经济的制约。由于传统国际贸易理论的假设同国际贸易的实践相距甚远,自然无法解释国际贸易的格局。

对发展中国家经济发展的研究兴起于第二次世界大战之后,"发展理论"的早期研究以结构主义的分析思路为主流,强调计划化或国家干预、物质资本的积累,以及进口替代的工业化对发展中国家经济发展的重要性,从而忽视了市场机制、农业发展、人力资本以及国际贸易对经济发展的重要作用。虽然发展经济学家对这些理论不断修补,提出了"贸易条件恶化""不平等交换""债务危机"和"经济依附"等理论,用以解释发展中国家所处的不利地位并试图指导经济发展,但绝大多数发展中国家不仅没有如战后初期所期望的实现经济现代化,反而问题丛生、困难重重,在国际竞争中越来越居于不利的地位,它们与发达国家的经济差距不仅没有缩小,反而日益扩大。与此同时,在这场关于发展中国家在"不平等条件"下要不要同发达国家开展贸易的激烈争论中,20世纪60、70年代之后一批以出口为导向的外向型的发展中国家崛起了,成为新兴的工业国。它们成功的经验,为新的国际分工和贸易理论提供了佐证。新国际分工和贸易理论以较为成熟的新古典经济学思想体系和分析工具作为基础,对一些发展中国家的经济发展历程做出了实证分析,部分地解释了东亚发展中国家(如韩国、新加坡)经济发展的成功经验,指出这些国家之所以发展迅速是由于相对自由的国际贸易体制以及采取的出口导向的发展模式。但是,同样实行市场经济体制的另一些国家,按照以出口带动经济增长的发展模式,尽管得到了不同程度的增长,但并没有实现预期的经济发展。无论对发达国家还是对发展中国家,同样的经济原理都适用,但发展中国家的经济实践表明,无论是早期的比较优势理论,还是架构在其之上的要素禀赋理论,都不能对经济发展的这些新的变化提出全面、合理的解释,更不能提供一种普遍的、指导经济发展的、有价值的思路。而此时产业内贸易占世界贸易的大部分且其比重不断增大的现象引起了西方经济学家对这一问题的关注,加之经济学分析工具的新发展促进了对贸易问题和经济发展问题的研究。越来越多的经济学家意识到,国际贸易在经济发展中起着极为重要的作用,在关于发展问题的研究中将国际贸易与经济发展结合起来是十分必要的。因此,国际经济学界出现了一些对贸易理论和发展理论进行新综合的观点。新综合在贸易理论中引入产业组织理论,认为在现代国际贸易环境中,不完全竞争是国际市场结构的主要形式,规模收益递增是国际贸易的基础,并突破了对纯技术的与货币的外部经济的人为区分,强调外部性在国际专业化中的作用。这样,如果发展中国家过于追求比较利益,则会丧失产业发展的动态利益,陷入"比较优势陷阱"的困境。一个国家最初的比较优势、产业选择和在国际分工中的地位可能与本国的技术知识和资源配置有关,也可能是由于偶然的因素所形成的。但最初的产业结构一旦形成,国内生产技术的外溢将使得该国在这些产业中的生产率比别国提高得更快,会使该国在这些产业中的领先地位更加巩固。因此,发展中国家应该以产业内贸易为发展导向,增强本国的竞争优势,最大限度地利用国际贸易促进经济发展。

2.2 产业内贸易理论概述

2.2.1 产业内贸易的内涵与特征

1. 产业内贸易的内涵

产业内贸易(intra-industry trade,IIT),也称作双向贸易(two-way trade)或贸易重叠(trade overlap),是指同一产业的产品同时输出和输入活动。只有界定清楚产业的定义,才能更好地衡量产业内贸易的普遍性和重要性。对产业的定义和划分有许多种不同的方法,它们共同的特点是承认产业是一个集合的概念。产业是一种同一属性的生产经营活动、同一属性的产品和服务、同一属性的企业的集合。在这里,同一产业的产品是指按国际产品标准分类统计法(standard international trade classification,SITC)统计时,至少前三位数都相同的产品,也就是属于同类(division)、同章(chapter)、同组(group)的产品既出现在一国的进口项目中,又出现在一国的出口项目中。产业内贸易是两国或多国在某些相当具体的工业部门内进行相互贸易,如美国和一些西欧国家都既是机动车辆的出口国,同时也是机动车辆的进口国;又如中国和西班牙既是酒类和饮料的出口国,又是酒类和饮料的进口国。

产业内贸易的产品既可以是同一产业内具有完全替代性的相似性产品,也可以是不能完全替代的异质性产品。根据李嘉图的比较优势理论和赫克歇尔-俄林的要素禀赋理论,各国应生产并出口本国具有比较优势的产品,或者生产并出口密集地使用本国相对丰裕而价格相对低廉的要素产品,进口本国比较劣势的产品或者需较多地使用本国相对稀缺从而价格相似昂贵的要素的产品。也就是说,世界贸易格局应反映技术和要素禀赋的国际差异,但是产业内贸易却包含大量的要素密度相似的同类产品的双向流动,这种贸易现象很难用李嘉图的比较优势理论或赫克歇尔-俄林的要素禀赋理论加以解释。

2. 产业内贸易的特征

根据各国产业内贸易的实践和国内外产业内贸易理论研究成果,产业内贸易的特征主要体现在以下五个方面:

第一,前提假定不同。产业内贸易理论以不完全竞争的市场结构和规模经济的存在为假设前提,更接近于贸易现实。产业内贸易的研究成果自成体系形成了新贸易理论。

第二,分工基础不同。该理论提出,贸易不一定是比较优势的结果,而可能是规模经济或收益递增的结果,在不完全竞争市场中,国家之间即使不存在资源禀赋、技术水平的差异或差异很小,也完全可以因为规模经济以及产品差异促使各国追求生产的专业化和从事国际贸易。

第三,贸易模式和利益来源不同。建立在资源禀赋差别基础上的传统贸易模式主要是"产业间贸易",其贸易利益来源主要是各方现有差别优势的充分实现;而建立在规模经济和产品差别化基础上的贸易模式主要是产业内贸易,其贸易利益来源主要是规模经济的充分实现和可供消费者选择的差别产品范围的扩大。

第四,贸易保护效果不同。传统贸易提倡自由贸易,贸易保护导致贸易各方乃至世界都将遭受福利净损失;而产业内贸易模式中不论大国还是小国,实施保护的一方将使本国的福利水平得到改善。

第五,对政策选择与经济发展关系的认识不同。传统贸易理论认为自由贸易政策是最佳的政策选择,只有自由贸易才能最大限度地促进经济增长。产业内贸易理论的政策主张比较复杂，一方面，它充分肯定了自由贸易政策的福利效果和对经济增长的促进作用；另一方面，它也证明了保护政策具有促成国际分工与利益分配向有利于保护方的转变。因而，产业内贸易理论又构成了第二次世界大战后管理贸易政策的理论基础。

产业内贸易能够提高一国技术水平，满足消费者多样化需求，减少工作转换成本，实现劳动力的转移。产业内贸易所带来的利益反映了一国在面临激烈的国际市场竞争时快速调整自身的生产能力，也体现了一国的综合实力。由此可见，提高产业内贸易水平是发展中国家特别是我国提高对外贸易竞争力的重要手段。虽然长期以来，我国的传统贸易模式以产业间贸易为主，从发达国家进口技术和资本密集型产品，出口劳动密集型产品；但是我国也可以在比较优势的基础上，从长远利益出发，致力于发展新兴产业和高新技术产业，在某些高新技术领域形成自身优势，才能逐渐在与发达国家的贸易往来中扩大产业内贸易规模，获得更大的贸易利益，促进经济发展。

2.2.2 产业内贸易的衡量方法

产业内贸易的衡量方法有多种，最具代表性的是由巴拉萨（Balassa）于1966年给出的巴拉萨指数。它是某一特定产品的净贸易量与这种产品总贸易量的比例。本书主要介绍目前最常用的产业内贸易指数的两种度量方法——格鲁贝尔-劳埃德度量法和阿奎诺度量法。

1. 格鲁贝尔-劳埃德度量法（G-L法）

巴拉萨创造了度量产业内贸易的方法，他认为，如果某国的一种产业的净出口，即双边贸易差额的绝对值，占该产业双边贸易总额的比重越偏向于0，说明该国的这类产业的产业内贸易水平越高；反之，比重越偏向于1，则说明该国的这种产业的产业内贸易水平越低。

1975年，格鲁贝尔和劳埃德发现巴拉萨的计算忽略了国际贸易过程中的进出口不平衡的问题，他们认为产业内贸易是产业贸易总额减去产业内进出口贸易差额后的剩余部分，因此对巴拉萨的测定方法进行了改进，并提出了他们的"产业内贸易指数"，该指数代表了产业内贸易额与总贸易额之比。对于产品 i，产业内贸易指数（IIT）可以由（2.1）式计算得出。

$$IIT = \frac{(X_i + M_i) - |X_i - M_i|}{X_i + M_i} \times 100\% \qquad (2.1)$$

式中，X 表示出口；M 表示进口。产业内贸易模式可以用 Grubel 和 Lloyd 指标图即 G-L 指标图（图 2.1）来说明。

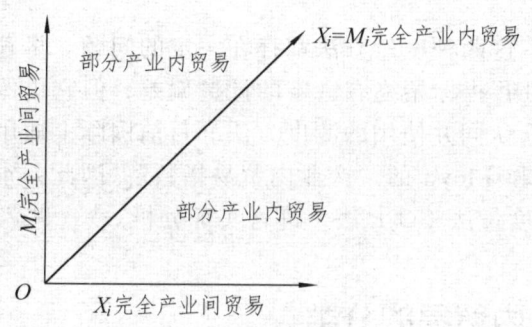

图 2.1　G-L 指标图

对一个国家整体而言，一国所有产品的产业内贸易综合指数（IIT）如式（2.2）计算。

$$IIT = \frac{\sum_{i=1}^{n}(X_i + M_i) - \sum_{i=1}^{n}|X_i - M_i|}{\sum_{i=1}^{n}(X_i + M_i)} \times 100\% \qquad (2.2)$$

式中，X_i 是一定时期内（通常为一年）i 产业的出口值；M_i 是一定时期内（通常为一年）i 产业的进口值；IIT 的值介于 0 至 1 之间，越接近 0，产业内贸易水平越低，越接近 1，产业内贸易水平越高。本书第 2 篇的实证研究中采用的产业内贸易指数测度方法，是用公式（2.1）和（2.2）计算所得的。

2. 阿奎诺度量法

1978 年，阿奎诺（Aquino）对产业内贸易指数进行了修正和调整后，提出了阿奎诺指数。阿奎诺认为 G-L 指标存在着没有完全消除贸易不平衡带来的计量误差。贸易不平衡发生在各个具体产业之中，一个国家整体产业内贸易是由各个产业的产业内贸易加权所得，所以为了消除计量误差应该首先调整每一个产业的产业内贸易指数。在阿奎诺度量法中，对于产品 i，一个国家的产业内贸易指数（Q_j）按式（2.3）计算。

$$Q_j = \frac{\sum_{i=1}^{n}(X_i+M_i) - \sum_{i=1}^{n}|X_i - M_i|}{X_i+M_i} \quad (2.3)$$

总体而言，这两种度量方法都存在一定的问题。尽管由于贸易失衡的客观存在，G-L 指标始终有一定的计量偏差，但它仍然是目前产业内贸易理论界普遍认同并使用的测度方法。目前国际上通用的产业内贸易指数是 Grubel 和 Lloyd 的"产业内贸易指数"。因此，本书主要采用格鲁贝尔-劳埃德度量法（G-L 法）进行实证分析。

2.2.3 产业内贸易的分类

从不同角度看，产业内贸易可以分为多种形式：

（1）从国家之间双边发展程度的方面来看，产业内贸易被分为经济发展水平相似国家之间的产业内贸易和经济发展水平不同国家之间的产业内贸易。

（2）从产业革新的方面来看，产业内贸易被分为有形商品的产业内贸易和无形商品的产业内贸易。

（3）从产品加工方式的方面来看，产业内贸易被分为制成品的产业内贸易和初级产品的产业内贸易。

（4）从贸易产品差异的方面来看，产业内贸易被划分为同质产品的产业内贸易和异质产品的产业内贸易，后者又被分为水平型产业内贸易和垂直型产业内贸易。

目前，国内外关于产业内贸易的分类标准主要是按照从贸易产品差异的方面进行分类，所以本书也采取这一类的分类方法。同质产品的产业内贸易是指完全可替代的两种产品的双向贸易。水平型产业内贸易（horizontal intra-industry trade，HIIT）是指在双向贸易的同一行业中产品的质量是一样的,但是在性能或设计上有所不同,它体现了产业内贸易的产品多样化跟规模经济。垂直型产业内贸易(vertical intra-industry trade,VIIT)是指在双向贸易中某种产品的质量是高低不同的,由于要素禀赋差异和生产专业化差异,而产生的两国之间相似性物品的贸易行为。

1. 同质产品的产业内贸易

同质产品(homogeneous products)是指可以完全替代的两种或几种产品,即商品需求的交叉弹性极高,消费者对其的消费偏好完全一致的产品。同质产品的产业内贸易如中俄之间的水泥、黄沙贸易。

2. 异质产品的产业内贸易中的水平型产业内贸易

水平型产业内贸易(HIIT)指质量和价格十分相似,可以满足消费者偏好的双边之间的产业内贸易。水平异质产品是指具有相同质量,但在其他方面具有不同特点的产品,例如具有相同质量但是花色和品种各不相同的丝质领带。水平异质产品的产业内贸易如欧盟与美国之间的高档汽车贸易。水平型产业内贸易主要关注的是同一类产品的异质性,这样的贸易主要发生在发达国家之间。对于水平型差异产品,消费者对可选产品的偏好主要是依据消费者的个人偏好。根据对消费者个人偏好的假定,对 HIIT 的研究,主要以新张伯伦垄断竞争模型、新霍太林垄断竞争模型以及寡头垄断模型为代表。

3. 异质产品的产业内贸易中的垂直型产业内贸易

垂直型产业内贸易(VIIT)指同一产品组中品质、价格以及技术要素投入存在差异的产品之间的贸易。也可以说,垂直异质产品是指花色品种相同但是质量不同的产品。例如,都是红颜色但是由不同的材料诸如丝、羊毛、棉或人造纤维等做成的领带。在垂直差异产品情况下,又可把这些差异产品贸易分别归为不同的三组:第一组,使用不同的投入要素但是相近的替代品的产品,例如使用塑料和木头作为投入要素的家具;第二组,使用相同的投入要素但在最终使用目的上相互不是替代品的产品，例如石油和沥青（要素投入都是原油）；第三组，使用相似的生产要素投入且在最终消费目的上是高度替代的但在质量与式样方面存在差异的产品。垂直异质产品的产业内贸易如日本向美国出口动力大、时速快、耗油多的豪华型汽车，美国向日本动力小、时速慢、耗油少的经济型汽车。

对于垂直型差异产品，通常认为消费者能够根据产品质量将可供选择的产品进行排序。一般来说，发达国家的贸易属于较高层次的垂直型产业内贸易，对经济不够发达的发展中国家而言，则大部分属于较低层次的垂直型产业内贸易。根据对 VIIT 的理解，其理论解释主要包括新 H-O 模型和寡头垄断模型。

2.2.4　产业内贸易理论的基本内容

西方许多经济学家都从不同的角度对产业内贸易这一现象进行了解释。如瑞典经济学家林德尔（Linder）提出了需求偏好相似论；美国经济学家默瑞·坎姆（Murray. O. Kep），保罗·克鲁格曼（Krugman）从规模经济角度对产业内贸易进行了解释，以及德雷泽（Dreze）关于规模经济和产品相异化是决定一国比较优势的重要因素的观点等。1975年，格鲁贝尔（Grubel）和劳埃德（Lloyd）合著了《产业内贸易：差异性产品中国际贸易的理论与测度》一书，吸收了当时已有的研究成果，较为系统地论述了这一理论。

归纳而言，产业内贸易理论是以"产品异质性""需求偏好相似""规模经济优势"三个原理作为支柱的。它们之间的关系是：产品异质性有可能满足不同层次、不同习惯的消费者的需求，因而是产业内贸易的动因；需求偏好相似使企业有利于克服由于社会政治制度、经济政策、文化不同而造成的市场隔离，便于产品进入外国市场，因而是产业内贸易的保证；规模经济优势能够使得进行大规模生产的国家在产品成本方面有动态比较优势，有条件占领国外市场而获利，因而是产业内贸易的利益来源。

首先，产品异质性是产业内贸易的动因。产业内贸易理论中，国际产品的异质性表现在同种产品在款式、质量、性能、售前售后服务以及号牌等方面的差异性。于是,一种产品就会因这种异质性使两国同时出口又进口。由于各国消费者在消费需求层次上的多样性,就需要产品的多样化和差异化予以满足。产品往往也因其某一方面的特色吸引了大量消费者而能够在国际竞争中取胜。随着技术的不断进步,相异产品的种类越来越多,消费者可选择的余地越来越大,从而推动两国相互进口对方的差异性产品。

其次,需求偏好是产业内贸易的保证。林德尔的需求偏好相似理论认为,工业发达国家之间的贸易,不应该从供给因素方面出发分析,而应着重从需求因素方面给予说明。平均收入水平是影响需求结构的最主要因素,平均收入水平相近导致需求结构相似。一国即使在某种产品的生产上具有相对优势,但如果其他国家因人均收入差别太大而对它没什么需求,国际贸易就无从发生。林德尔还认为,一种出口的工业产品,首先应该是本国消费的产品。一个国家国内市场的需求,才是发明创造和技术革新的原动力。企业一般也都是在大量生产满足国内消费过程中,获得了更大的生产力和竞争能力,并在发现国内市场狭小之后,开始转向国外出口,从而把国内贸易扩大为国际贸易。这样,产品当然最好是到那些需求结构相似的国家市场上销售。因为在生产国国内有较大需求的产品,在进口国也会有较大的需求量。

最后,规模经济是产业内贸易的利益来源。产业内贸易理论指出,各国之间基本经济特征的差异只是贸易发生的一个原因,只要有规模经济存在,即使是两个技术水平和资源条件完全相同的国家,同样也可以进行贸易往来。一方面,规模经济本身能引起国际贸易;另一方面,通过影响市场结构,造成不完全竞争而影响国际贸易,反过来国际贸易又进一步提高一国规模经济的效率。工业产品的多样性使得任何一个国家都不可能有足够的资源来进行大规模生产,并出口全部的工业产品。因而当一国在某种产品生产上具有规模经济优势,而另一国在另一种相似产品上具有规模经济优势时,产业内贸易就会发生,双方都将从贸易中获得利益。

当然,规模经济优势要成为贸易利益来源必须有三个前提:
(1)产业内的产品存在着大量的、有差异的产品系列。
(2)存在着不完全竞争市场结构,异质产品之间具有垄断竞争性。
(3)产品的生产收益可随着规模扩大而递增。

当今，随着产业内贸易数量的增加，产业内贸易理论的地位和作用显得日益重要。但产业内贸易理论的出现并不是对传统贸易理论的否定。产业间贸易在国际贸易中仍占有相当大的比重，具有完全不同类型的以生产要素禀赋和劳动生产率差异为基础的传统贸易理论仍然能够做出有效解释，国家之间生产要素禀赋方面的差异仍是预测贸易模式的重要依据。规模经济作为贸易利益的独立来源和国际贸易的独立源泉，为国际贸易的产生提供了另一个原因。即使在各国的喜好、技术和要素禀赋都一致的情况下，规模经济也会导致分工和贸易。也就是说，现实中的贸易模式是由比较优势和规模经济等共同决定的，只有两类贸易理论才能解释当代全部贸易的现实模式。

2.3 产业内贸易理论经济发展观的学术渊源

国际贸易与经济发展的相互关系为历代经济学家所重视，也是发展经济学研究的核心内容。如前文所述，新经济增长理论又称内生增长理论，是产生于20世纪80年代中期的西方经济学中一个新兴理论分支，该理论通过强调规模收益递增和产品品种多样化给经济增长理论带来了新的研究活力，论证了经济增长是经济系统内生因素作用的结果。20世纪80年代中期以来，以保罗·罗默、罗伯特·卢卡斯等学者为代表的新经济增长理论，把技术创新作为推动生产率增长的核心因素。他们通过计量分析表明，发达国家经济增长的大部分应归功于生产率的提高。基于这一事实，他们创造了一系列模型，将技术创新活动内生化视为有目的的研究和开发投资的结果，这一投资活动的显著特征是不仅能带来更高的利润率，而且有技术溢出效应和外部收益。在这里，创新是推动生产率增长的核心因素。新增长理论所揭示的增长机制认为，如果对外贸易能刺激一国的创新活动，就能促进该国的经济增长。对外贸易通过更广阔的市场、更多的技术等方面的交流和更激烈的竞争刺激一国的创新活动，提高一国的生产率从而促进该国的经济增长。从新增长理论中，能够引申出对外贸易促进经济增长的新的依据。新经济增长理论作为新贸易理论重要组成的产业内贸易理论，可以从经济增长理论中的新增长理论中找到其学术渊源。美国经济学家克鲁格曼（Krugman）在新经济增长理论发展背景下和传统贸易理论无法合理解释现实贸易现象的情况下，将规模经济或规模收益递增引入国际贸易分析中，为国际贸易理论建立了一个新的分析框架，同时合理地解释了现实中大量的产业内贸易的产生的原因。可以说，产业内贸易是在新形势下国际贸易理论和经济发展理论新综合的结果。下文本书将从新贸易理论的假设前提（同时也是产业内贸易理论的假设前提）入手，找寻其经济发展的学术渊源。

2.3.1 产品品种增加型经济增长模型

作为垄断竞争条件下新经济增长模型的一种，产品品种增加型经济增长模型也用技术进步解释经济增长，将技术进步理解为中间产品品种或消费品品种的增加。在说明中间产品品种增加型技术进步对经济增长的影响时，罗默等经济学家通常假定总量生产函数采取如下所示的被简称为 D-S 生产函数的形式：

$$Y = A \cdot L^{1-\alpha} \cdot \sum_{i=1}^{N} X_i^{\alpha}, \quad 0 < \alpha < 1 \tag{2.4}$$

式中，X_i 为第 i 种中间产品的产量；$\sum_{i=1}^{N} X_i$ 代表物质资本总存量；L 表示劳动要素。D-S 生产函数的特征是，当经济中不存在技术进步时，即中间产品品种数 N 固定不变时，最终产出 Y 是关于劳动 L 和资本 $\sum_{i=1}^{N} X_i$ 的一次齐次函数，资本积累将导致资本边际产品递减；当经济中存在技术进步时，即产品品种 N 不断增加时，由于不同种中间产品相互独立，资本总量的增加并不导致资本边际产品递减，换句话说，技术进步提高了资本的收益率，使最终产品的生产呈现出规模收益递增的特征。

在罗默 1990 年建立的知识驱动模型中，经济中存在两个拥有不同生产技术的部门，物质产品部门在 D-S 生产函数下生产最终产品和中间产品，研究部门则在二次齐次的生产函数下生产新知识。由于物质产品部门的生产函数是 D-S 型的，技术进步使中间产品和最终产品的生产呈规模收益递增。对物质产品生产者来说，技术进步类似于一种正的外部性，技术进步的存在保证了物质资本的不断积累和经济的持续增长。同时罗默认为，使经济增长得以实现的技术进步又是由经济系统内生决定的。按照罗默的观点，技术是不同于普通竞争性的商品和公共产品的一类特殊商品，技术的特殊性表现在技术具有非竞争性（这使技术不同于竞争性商品）和部分排他性（从而技术也不同于非排他性公共产品）。技术的部分排他性使私人厂商存在投资于研究开发生产新知识的可能。为了保证创新厂商能够从新产品中获得收益，必须存在一种制度安排使从事研究的厂商对其研制的产品拥有一定的市场力量。从事研究的厂商拥有一定的市场力量仍然只是内生技术进步得以实现的必要条件而非充分条件，为了保证经济系统足以实现内生的技术进步，必须要求研究成本不能过高。具体地说，为了保证经济存在一条均衡增长途径，必须要求研究成本相对于最终产品的价格保持不变。为了使研究具有固定成本，罗默假设技术溢出效应足够强，一家创新厂商研制出的新产品设计，提高了所有从事研究的厂商的生产率水平，研究生产率的提高恰好抵消了工资率上升促使研究成本增加的趋势，使研究成本始终不变。在技术上，这要求研究部门的生产函数具有二次齐次性。于是，在上述物质产品部门和研究部门的生产函数假定下，经济将沿着一条均衡增长路径增长。

2.3.2 规模收益递增型经济增长模型

传统的国际贸易理论在很大程度上强调比较优势在解释国际贸易方面的作用，以规模收益不变的假设为分析基础。但事实上，很多行业都具有生产规模越大，生产效率越高的规模经济的特点。尤其是对于现代化的工业，大规模生产反而会降低单位产品的成本。

1986年罗默对阿罗（1962）的"干中学"模型进行了修正，用"知识"代替了"资本"，并把知识分解为一般性知识和专业化知识。罗默认为，一般知识可以产生规模经济效益，专业知识可以产生要素的递增收益，两者的结合不仅能形成自身递增的收益，而且能使资本和劳动要素投入也产生递增收益，从而使整个经济的规模收益递增，递增的收益又将成为长期经济增长的保证。

罗默（1986）模型给出的生产函数为：

$$y_i = f(k_i, K) \tag{2.5}$$

式中，y_i 为 i 企业的产出；k_i 为 i 企业生产某产品的专业化知识水平；K 为所有企业均可使用的一般性技术知识，且 $K = \sum_i k_i$。

如果采用柯布-道格拉斯生产函数（C-D 生产函数）形式，公式（2.5）可转化为：

$$Y_i = k_i^\alpha \cdot K^\eta \tag{2.6}$$

式中，当 $\alpha + \eta = 1$，即 k_i，K 的规模收益不变时，经济将以一个固定的比例增长，其中资本收益递减正好被外生的技术变革所抵销。当 $\alpha + \eta < 1$，即要素的规模收益递减时，经济增长将趋于停止，因为技术变革的效果不足以弥补资本边际收益递减的效果。当 $\alpha + \eta > 1$，即要素的规模收益递增时，经济将会加速增长且实现长期持续增长。因为这种递增的收益形成垄断利润，从而又成为研究与开发的资金来源，投资促进知识积累，知识又刺激投资，形成良性循环。这就是经济能够在长期内产生持续增长的主要原因。

从以上的论述可以看出，新经济增长理论论证了经济增长是经济系统内生因素作用的结果。如果说强调规模收益递增与外部性而给增长理论带来了新的研究活力，那么新增长理论所强调的这两个因素对产业内贸易理论的发展起了重要的推动作用。克鲁格曼等经济学家正是通过把规模经济、产品差异、不完全竞争等条件引入到国际贸易理论中，为产业内贸易建立了一个全新的分析框架。因此，新增长理论所强调的技术进步、产品品种多样化、知识外溢构成一国经济发展的重要源泉。在新增长理论的各种模型中，总量生产函数呈现出规模收益递增是罗默模型、克鲁格曼-赫尔普曼模型等大部分模型的前提假设。克鲁格曼等经济学家认为，由于规模经济的存在，通过开展产业内贸易，每个国家都只生产几类产品，那么每种产品的生产规模均能比以往各国什么都生产时要大得多，并且能生产出更加丰富多彩的产品，获得更多的利益，促进各国经济发展。产业内贸易理论可以说是新增长理论和贸易理论在新条件下综合的结果。

2.3.3 规模收益递增与产业内贸易理论

国际贸易的传统理论在很大程度上强调比较优势在解释国际贸易方面的作用。比较优势理论是以规模收益不变的假设为基础的，但事实上，很多行业都具有生产规模越大、生产效率越高的规模经济的特点。尤其是现代化工业，大规模的生产反而会降低单位产品的成本。正是在这样的理论背景下，美国经济学家保罗·克鲁格曼通过将规模收益递增或规模经济引入国际贸易分析中，不仅为国际贸易理论建立了一个新的分析框架，而且将经济学基本原理与国际贸易中的新思路进行了更大程度的结合。从一定意义上讲，克鲁格曼为当代国际贸易理论的发展做出了较为重要的贡献。现在用一个简单例子来说明规模经济在国际贸易中的重要性，表2.1给出了某一假想行业的投入—产出关系，假定该产品的生产只需要劳动这一要素。

表 2.1 某一假想行业的投入产出关系

产出（单位）	总劳动投入（小时）
5	10
10	15
15	20
20	25
25	30
30	35
35	40

从表2.1中可以看出，生产的规模经济表现在：劳动投入增加1倍（从15增加到30），产出却增加了1.5倍（从10增加到25）。假定世界上只有英国和美国两个国家，两国具有生产这种产品的同样技术，最初都生产10个单位。根据表2.1，该产量在每个国家均需要15个小时的劳动投入，即全世界用30个小时来生产20个单位产品。现在假定该产品的生产集中到一个国家，例如集中于美国并假设在这一行业也投入30个小时的劳动。根据表2.1，一方面在一个国家内投入30个小时的劳动，

却能生产出 25 个单位的产品，显然，生产集中到美国使世界能以同样的劳动投入多生产 25% 的产品。另一方面为了得到某些产品扩张生产所需的劳动，美国必须缩减或放弃其他产品的生产。这些放弃的产品将在英国生产，英国则雇用那些原先在英国生产而现在在美国生产的行业的工人来从事这些产品的生产。现在假定有许多产品具有规模经济，将其按 1、2…编号。为了利用规模经济，每个国家必须集中生产有限类别的产品，如美国生产编号为 1、3、5 等类的产品，而英国则生产编号为 2、4、6 等类的产品。如果每个国家都只生产几类产品，那么每种产品的生产规模均能比以往各国什么都生产时要大得多，世界也因而生产出更加丰富多样的产品。为了理解美国和英国进行贸易的可能性，假定产品 1 在美国生产、产品 2 在英国生产。那么考虑到消费者都希望消费多种多样的商品这一事实，美国产品 2 的需求者必须购买从英国进口的产品 2；同样，英国产品 1 的需求者也只能购买从美国进口的产品 1。由此可见，国际贸易在这一过程中起了重要的作用，它使各国既能利用规模经济来生产有限类别的产品，同时又不牺牲消费者的多样性需求。

上述分析尽管是很简单的，但所蕴含的思想是很深刻的，这个简单的例子告诉我们，互利的贸易不一定要基于比较优势。可见，上述从"规模经济"角度来阐述国际贸易的学说，便成为当代国际贸易理论的一个重要组成部分。不仅如此，克鲁格曼更认为，由于规模经济的存在，现实中的国际市场在很大程度上是一个不同于传统贸易理论所假定的完全竞争市场，而是不完全竞争的市场结构。因此，把不完全竞争引入到国际贸易理论中，极大地丰富了国际贸易理论，深化了人们对国际贸易问题的认识。

2.4 产业内贸易理论的经济发展观和正规模型

2.4.1 产业内贸易理论的经济发展观

产业内贸易理论之所以重要，是因为该理论揭示了隐藏在贸易现实背后的某些特殊利益，对于我国正视世界贸易格局，选择适合我国国情的贸易战略具有深刻的启迪和指导意义。产业内贸易理论使人们从追求静态比较利益的思维模式中解放出来，转而追求动态递增的比较利益。基于产品差异和规模经济的贸易利益比基于比较优势的贸易利益要大得多。不同产业的要素密集度和要素比例呈现阶梯性变化特征，大体遵循这样一个演进过程：资源密集型—劳动密集型—资本密集型—技术密集型。产业内贸易正是伴随着这样一个产业结构的递升而产生和扩展的。因此，更高阶段的动态比较利益也应该是在产业结构的升级中获得的。

动态比较优势是指在全球化的发展战略下重新配置资源，国际化和主导产业协调发展，充分利用跨国公司的技术条件和自身市场条件以及资源优势，实现产业结构升级。动态比较优势的动态特征表现在主导产业的选择上，不是强调单一的资源优势（如廉价劳动力）来发展符合既定国际分工体系下的产业部门（如劳动密集型产业），产业发展的利益需要长期化。与动态比较优势理论相比，静态比较利益理论忽略了空间上的规模递增收益和时间上的规模递增收益。时间、空间上的规模经济有多种形式，如知识密集型产业通过直接的信息传播和技术工人的流动，使得新知识在企业间扩散，同一行业内企业间相互接触也使传递的知识越来越多，行业的生产规模越大、企业间接触越多，则它们的成本也越容易大幅度降低，外在经济则意味对企业来说是外在的，而对行业来说则是内在化的。尽管行业内的竞争短期内会使均衡价格偏低，但随着同一行业产出的扩大，出现了新的机会，如出现新的需求、开辟新的出口市场、提高了整个行业的产出和就业量，企业之间有了更多的信息交流，从而提高了生产率，平均成本和边际成本反而会降低。时间上的规模优势是指国内幼稚工业具备国际竞争力，需要一定的时间去获得并消化知识和技能。幼稚工业在初始阶段如果能够免受外来的冲击，给予它们获得生产经验的机会，通过"干中学"（learning-by-doing）可以不断降低成本。动态比较优势理论内含产业的比较优势。动态地保护和扶持主导产业，将会在市场和就业等方面产生溢出效应，而且具有持续的规模收益递增的效果，使国内潜在的市场需求不断地转化为现实的购买力。总之，产业和国民经济发展必须走国际化道路，只有建立在企业效率和市场结构优化基础上的保护才是有效的，才能够提高国际竞争力。竞争的国际化和国际的竞争力对于产业的发展都是重要的，政策的调节不能落在企业层次，而要着眼于行业，使得同一产品可以有内企和外企的竞争，同一企业也有能力既在国内竞争又能够在国外竞争。

对于发展中国家来说，要想在一个激烈的国际竞争环境里，尽快增强经济实力，缩短与发达国家的差距，必须进行大规模的产业置换。通过政府扶持加速产业结构升级，在对外贸易中不仅继续发挥现时比较优势，而且带动替代产业的发展，实现规模经济，获取动态递增的贸易利益，此外很难设想出其他更好的办法。从这个意义上来讲，产业内贸易理论不仅仅属于发达国家，对于发展中国家也同样存在较强的适用性。积极发展产业内贸易有利于发展中国家经济发展。因此，我们应该加强对产业内贸易理论的研究，揭示其形成机制和在经济发展中的作用，结合其在我国的发展实际，采取积极的对策和建议，发展我国产业内贸易，以促进我国经济发展具有重要的理论意义和实践意义。

2.4.2 产业内贸易理论的正规模型

产业内贸易理论可以说是当代最重要的国际贸易理论，其假设前提比传统贸易理论更加贴近现实：第一，市场结构是不完全竞争的，或者是垄断竞争的；第二，产品是有差别的，而不是同质的；第三，随着边际成本的下降，规模报酬递增。根据上述假设，产业内贸易理论的正规模型如图 2.2 所示。

图 2.2 中垄断厂商面对的需求曲线 D 弹性较大，这意味着价格的微小波动都会引致厂商销售额的较大波动。一个垄断厂商为了增加销售量，必须降低其产品的价格，当增加一个单位的销售时，它就必须降低它对所销售的每一单位产品收取的价格，而且这种价格下降就减少了它已经卖出的每单位的收益。因此，该垄断厂商

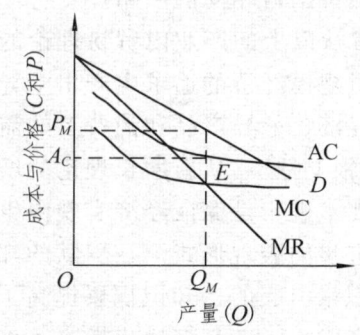

图 2.2 产业内贸易理论正规模型

的边际收益小于其价格，即边际收益曲线 MR 低于需求曲线 D。如果只生产一种产品的一个或少数几个种类，垄断厂商在生产中就会面临规模报酬递增，因此其平均成本曲线 AC 是向下倾斜的，由于 AC 是下降的，

则边际成本曲线 MC 低于 AC 曲线，边际成本曲线与边际收益曲线相交于 E 点，此时边际成本与边际收益相等，利润最大化的产量为 Q_M，如果产量水平小于 Q_M，则 MR > MC，即边际收益大于边际成本，该厂商就应扩大产量，如果产量水平大于 Q_M，则 MR < MC，即边际收益小于边际成本，厂商就应当减少产量，因此最优产量是 Q_M，与此产量对应的价格为 P_M，价格减去平均总成本（AC）再乘以产量就是厂商的垄断利润，当垄断不能排斥竞争时，即垄断利润的存在能够吸引其他厂商进入时，垄断利润趋向于平均利润，但规模经济特征会成为潜在进入的一个障碍，因为新进入者很难在初始阶段达到合理规模和获取最佳效益。

产业内贸易理论的最大特色就是强调贸易不一定是比较优势的结果，相反，它可能是收益递增或规模经济的结果。如果产业间贸易是基于各国比较优势或要素禀赋差别，那么产业内贸易则是基于产品差别和规模经济，在要素禀赋相似的发达国家之间，产业内贸易的兴盛完全是由于生产的规模经济。在现实世界中，国际竞争迫使条件相似的各国厂商只生产某一类产品的一种或少数几种，而不是生产全部有差别的同类产品，这可以保证使单位成本最低。与此同时，各国可以通过进口其他的差别产品来满足消费者在较低价格水平上的多样化需求。只要参加国际贸易，所有国家都可以在相同程度上利用规模经济，贸易小国也可能向贸易大国廉价出口相同的产品。

从以上的产业内贸易理论的正规模型中我们可以看到，垄断厂商通过对规模经济的追求生产出差异化的产品来满足消费者多样化需求。规模经济、差异产品和消费者的需求偏好差异这三者是产业内贸易理论的"三根支柱"。从新增长理论的增长模型中我们可以看到，新增长理论强调技术进步是保证经济实现内生增长的唯一源泉，而产品品种增加是技术进步的表现形式。在罗默的知识驱动模型中，收益递增是由内生的知识积累引起的，知识积累提高了研究厂商的生产率，降低了研究厂商的生产成本，产品多样化提高了该消费品生产者的生产率，使最终产品的生产呈现出规模收益递增。可见，新增长理论与本书所论述的产业内贸易理论都代表着当代西方经济学的某种新的发展。本章的论述在一定程度上也表明，西方经济学不同分支的发展有时是相互联系、相互影响的，新增长理论和当代国际贸易理论都十分重视和强调规模收益递增和知识的外溢性，这部分反映了科学技术在当代经济发展过程中的重要作用。

3 产业内贸易的经济效应分析

3.1 产业内贸易的影响因素分析

在产业内贸易的产生和发展过程中,我们可以发现,影响产业内贸易的因素很多,大致可以分为两类:宏观层次上的国家特征因素和微观层次上的产业特征因素。

3.1.1 国家特征对产业内贸易的影响

国家特征不仅包括一般概念上的国家规模和发展程度,而且包括人均国民收入、区域经济一体化程度和地理上的远近等众多方面。所有这些有关国家方面的因素都在不同程度上对产业内贸易的出现和发展产生着影响。

(1)人均收入水平。一般而言,一个国家的人均收入越高,需求也就越多样化,需求的多样化会导致产品差异水平的提高,而产品差异水平的提高势必引起产业内专业化程度的加深和产业内贸易的扩大。对于任意两个国家而言,人均收入水平越是相互接近,相互之间发生产业内贸易的可能性也就越大。原因在于人均收入越接近,则需求结构也就越相似,即两个国家的偏好重叠部分越大,这会使两国之间很容易进行产业内贸易。

（2）产业结构。产业结构是决定一个国家进出口商品结构的重要因素之一。产业结构的水平主要取决于制造业的发展水平，由于制造业的产业内贸易比率高于农矿产业，所以产业内贸易比率会随着制造业的发展而提高。更具体地讲，如果一个国家的产业结构主要集中于医药、化学、汽车制造等产业，其总的产业内贸易比率就会很高。科威特、文莱和卡塔尔等国家，虽然大量的石油出口使其人均收入很高，但由于产业结构非常单一，其经济运行完全依靠出口石油和进口制成品，与这种产业结构相联系的外贸结构不可能有较高的产业内贸易比率。对于两个国家而言，如果产业结构差异大，进出口商品的结构也就很不相同，从而使得它们之间主要进行的是产业间贸易；反之，如果产业结构相似，则容易进行产业内贸易。

（3）国家的规模。这里，国家的规模不仅仅是指土地面积的大小，更主要的是指国民生产总值（GNP）的大小。从理论上来讲，如果两个国家其他条件完全相同，只是国民生产总值不同，那么，国民生产总产值较大的国家的产业内贸易水平要高于国民生产总产值较小的国家。这是因为较高的国民生产总值可以为生产者提供较为广阔的市场，使生产者能够在保持规模经济的情况下，生产出各种差异化的产品，为进行产业内贸易创造条件。但是，从实际情况来看，不是所有的大国产业内贸易水平都高，也并非所有的小国产业内贸易水平都低。例如美国和比利时，美国的国民生产总值远大于比利时（1978 年美国 GNP 为 21 123.65 亿美元，比利时为 969.05 亿美元），而比利时的产业内贸易比率却高于美国（1978 年美国为 59.4%，比利时为 79.2%）。然而，这个反例并不能够否定国家的规模对产业内贸易的正向作用。这是因为，影响一个国家产业内贸易的因素很多，有的因素可能有抵消国民生产总值的作用。例如，当人均收入与国民生产总值都很高时，产业内贸易就可能较高，但也会出现人均收入高，国民生产总值低，或者是国民生产总值高，人均收入低的情况，这时就必须分析究竟是哪一个因素对产业内贸易的影响作用强一些。另外，大国本身也会产生一些抵消因素。例如，大国自然资源可能较丰富，因而其初级产品的出口比例可能会较高，而较高的初级产品出口比例会导致较低的产业内贸易，澳大利亚就是一个典型的例子，作为经济大国的澳大利亚，1978 年的产业内贸易比率仅为 25.3%，远低于同期发达国家的平均水平 58.9%。

（4）地理上的距离。地理上的接近包括地理特征的相似和地理距离的接近。所谓"地理特征"，是指包括气候、地形、水文和海陆位置等要素的自然地理特征，以及包括人口、文化和经济等要素的人文地理特征。如果两个国家的地理特征很相似，其生活方式和消费习惯就可能会很相似。例如，如果两地的气候都较寒冷，则两地都会需要较为保暖的服装；如果两地的水网密度都很大，则两地对水上运输工具的需求都会较大，等等。因此，两国的地理特征越相似，进行产业内贸易的可能性就越大。地理距离对贸易量会有较大的影响，距离越近，运输成本越低，贸易量就可能越大。另外，国家之间的地理距离邻近有利于创新发展，地理距离邻近对创新的影响的内在机制在于知识流动的特殊本质，知识分为显性知识和隐性知识。显性知识是能够通过编码和文字来清楚表达的知识，而隐性知识是不能编码或者难以编码的知识，它通常镶嵌在人的身上。不同的知识类型对地理空间的依赖性不同，显性知识能够通过报纸、专利等媒介跨地域传播和流动，而隐性知识的传播需要人与人之间面对面的交流，受地理距离约束较大。尽管随着信息通讯技术的发展，人们获取知识的速度加快了，但是显性知识也需要隐性知识解释的事实，使得知识的流动、传播和溢出依赖于人与人面对面的交流，因此，各个国家的企业等经济主体在一定的地理区域中集聚有利于知识的传播和溢出，是经济主体获取创新重要投入要素——知识的区位分布方式，但是很难判断距离对产业内贸易的影响大还是对产业间贸易的影响更大。一般来说，当两国的地理特征很接近时，地理距离越近，则两个国家的产业内贸易的水平越高。例如韩国，与其进行产业内贸易且比率较高的国家有13个，其中8个是具有与之相似的文化背景，而且距离较近的亚洲国家。反过来看，对于一些地理特征比较独特，地理位置又比较孤立的国家，其产业内贸易水平相对要低一些。例如澳大利亚、新西兰、日本等国家是较为典型的例子。1978年，工业化国家产业内贸易的平均比率为58.9%，而澳大利亚仅为25.5%，新西兰为25.9%，日本为26.0%。以此也可以解释加拿大与同等收入水平和相同发展阶段的国家的产业内贸易比率比较高，例如美国和欧共体。而澳大利亚和日本的产业内贸易比率较低，可能是由于其他因素的影响，但地理因素也是一个重要原因。

（5）区域经济的一体化程度。区域经济的一体化促进了产品和生产要素在成员国之间的自由流动，这有利于区域性产业内专业化的进一步发展，从而导致了区域性产业内贸易水平的提高。1995年以前东南亚国家联盟是由6个发展中国家组成的区域一体化组织，自1967年成立以来，经历了20多年的发展，从该组织产业内贸易地区构成的变化情况来看，1965—1980年东盟国家之间的产业内贸易从39.36%上升到49.7%，提高了10.3个百分点；东盟国家与出口制成品的发展中国家的产业内贸易从29.3%上升到35.8%，提高了6.5个百分点；而与其他发展中国家的产业内贸易比率从58.3%降低到43.8%，下降了14.5个百分点。这些数据可以说明，一体化推动了东盟各成员国之间产业内贸易水平的提高。

区域经济的一体化促进区域性产业内贸易水平的提高，在这里自由贸易区内贸易创造和贸易转移的正面效应起了非常重要的作用，在以往的自由贸易区的效应分析中，大都强调贸易创造的正面效应和贸易转移的负面效应，贸易创造和贸易转移的正面效应是为各成员国扩大了出口市场，其结果之一是产生了规模经济效应，于是对各个国家都有利。假设在自由贸易之前，本国（H）和外国（F）都生产同一产业中两种不同的产品X和Y，且规模收益递增，但因关税作用，没有实行专业化生产，两国都分别将生产资料一半用于生产X，另一半生产Y，但如果两国专门生产X或Y，因规模收益递增，各国X或Y的产量将增大到没有专业化生产时产量的一倍，然后相互贸易。显然，各国都得到了规模收益的好处，且满足了消费者多样化的需求，社会福利都增加了，从而促进了区域内产业内贸易的发展。

3.1.2 产业特征对产业内贸易的影响

（1）产品差异程度是影响产业内贸易的重要因素之一。通常某类产品的差异程度越高，则这类产品的产业内贸易水平也就越高；反之，产品的标准化程度越高，则这类产品的产业内贸易水平越低。产品的差异程度可以用以下几个指标衡量：

第一，国际商品分类标准中前三位数相同的种类数，也就是同组商品的种类数越多，说明产品的差异越大。

第二，同组产品的出口单价的差异，出口单价差异越大，说明产品的差异程度越高。

第三，销售成本占总成本的比例，销售成本主要包括广告费、市场调查费和促销费等，该比值越大，通常产品的差异程度也越大。

第四，研究与开发费用在销售额中的比重，由于研究与开发费用中的相当一部分是用于设计不同型号和功能的同类产品，所以这个比重越高，差异产品种类可能越多。

在具体分析过程中，选用以上不同的指标得出的结论可能有些差异，但可以用这些指标相互参照来衡量产业内贸易的水平。

（2）理论上讲，规模经济会使产业内贸易水平提高。这是因为，规模经济的存在，使得每一个厂商都力图集中生产某一种产品以取得较大的效益，为了使规模经济能够顺利实现，必须有较高水平的产业内专业化，从而导致产业内贸易的扩大。但从实证分析的结果来看，这一论点很难得到证实，甚至会出现相反的结论。然而，这一矛盾的出现并不能看作是对理论分析的否定，因为在错综复杂的经济关系中要确定某两个因素的相关关系是比较困难的，它不仅会受许多其他因素的干扰，而且与所选择的样本密切相关。就此问题而言，有可能是样本选择的问题。产业不同其最小有效规模也不同。比如钢铁工业，它的标准化程度较高，产品差异程度较低，因此进行产业内贸易的可能性较小，但这类产业的最小有效规模较高，因此，如果在分析时以此类产业作为样本，就可能得出规模越大产业内贸易水平越低的结论。

（3）直接投资与贸易既有相互替代的一面也有相互带动的一面，因此，关于直接投资对产业内贸易的影响需做具体分析。对于某些产品，如水平差异产品，产品间的差异主要是表面上的，如外形、包装等，消费者对这些产品的选择，是凭借一种主观爱好。这类商品的生产需要接近消费者，以便能投其所好，所以对这类商品的直接投资可能取代产业内贸易。而那些生产过程比较复杂的产品，其规模效益比较明显，集中生产可能取得更大的效益，因而对这类产品的直接投资可能使产业内贸易水平上升。例如，假设一个大的跨国公司有10家生产冰箱的企业，分别布局在10个国家，这10个企业的产品都有差别，每一个企业都要出口一定比例的产品到其他9个国家，这样的直接投资越大，则产业内贸易水平就越高。

（4）关税壁垒对产业内贸易的影响是不确定的，因为低关税壁垒既能促进产业内贸易，又能促进产业间贸易，由于所采用的资料不同，得出的分析结果也不同。然而，如果进行详细的分析，仍能找到一些规律。例如，海外组装产品关税的降低就有可能促进产业内贸易的增加，因为组装的产品和零部件通常属于同一组商品。目前许多国家的出口加工区都实行降低关税的政策，大大促进了出口加工区产业内贸易的发展，发展中国家为了引进技术和资金，纷纷建立起了各种类型的经济特区，以加强与发达国家的经济合作，这也是为什么近些年来发展中国家与发达国家之间产业内贸易增长速度较快的原因之一。根据以上分析，我们可以预测产业内贸易与各影响因素之间的一般关系如表3.1所示。

表3.1 产业内贸易与各影响因素之间的关系

决定因素	人均收入水平	产业结构的相似性	国家的规模	地理上的接近	区域经济一体化	产品差异程度	经济规模	国外直接投资	贸易壁垒
产业内贸易	+	+	+	+	+	+	+	+	+

注："+"表示正相关。

从上面的定性分析和表3.1的具体描述中，我们可以得到下面几点启示：

第一，产业内贸易是随着各国经济发展水平的提高而发展起来的，具体地，人均收入的提高、产业结构的改善、国民生产总值的增长都有利于产业内贸易的发展，因此，每一个国家产业内贸易的发展都具有一定的阶段性。我国目前正处于经济增长速度放缓、进入经济新常态时期，应该充分利用有利的国际国内环境，积极培育产业内贸易，以便在新的国际分工中争取有利地位。

第二，产业内贸易通常是在经济发展水平相似和地理上接近的国家之间比较容易进行。因此，加强与东南亚、南亚、中亚等国的贸易合作是十分有益的。尽管亚洲金融危机使我们充分认识到了市场过分集中于亚洲的弊病，但从发展战略来看，亚洲国家永远是我们重要的贸易伙伴。

第三，产业内贸易与产业本身的特点密切相关，因此，在改善外贸结构的过程中，我国要特别重视那些具有国际市场前景的产业的发展，具体来说，就是重视发展那些有众多差异产品的高技术含量、高资本含量的产业。

第四，加强与发达国家的经济合作，积极引进外资和技术，这样既可以发展与发达国家的垂直式的产业内贸易，又有助于我国产业结构的改善，促进经济的发展。

3.2 产业内贸易对经济发展的经济效应分析

产业间贸易以比较优势为基础进行国际专业化生产和分工，其主要发生在要素禀赋、技术水平和人均收入水平不同的国家之间，各国的贸易产品结构和地理方向在一定条件下是确定的。发达资本主义国家在产业间贸易中起着支配性作用，进口初级产品，出口工业制成品，发展中国家正好相反，进口工业制成品，出口初级产品。贸易利益也更多地向发达国家倾斜。与产业间贸易有所不同，产业内贸易以规模经济和产品差别为基础进行分工和交换，其主要发生在要素禀赋、技术水平和人均收入水平相似的国家之间，这种贸易模式不仅使各国的社会福利得到改善，而且可以保证各要素所有者从贸易中获益，还可以有效地避免传统贸易中要素价格均等化趋势，减少或避免稀缺要素所有者遭受到利益损失，各国之间的利益分配会更加均衡。在贸易利益的来源上，传统的贸易理论侧重于产业间贸易的静态利益分析，认为要素禀赋相异的两个国家之间进行产业间贸易，既可带来包括生产者利益和消费者利益的静态利益，还可带来动态利益。尽管动态利益在传统贸易格局下占有重要地位，但在传统的以静态利益分析为主的贸易理论中，这种所谓的动态利益模式的优势似乎远远小于静态利益。

3.2.1 产业内贸易与产业间贸易的利益比较

首先，产业内贸易体现了更高的生产力发展水平。产业内贸易的产生源自于产品差别和规模经济，这两项因素均与更高的生产力发展水平相关，尤其以产品差别更为明显。更高的生产力发展水平既是产品差别产生的基础，也使得产品差别的产生有其必要性。一方面，只有生产力发展水平越高，国际间分工才能越细，产品差别才有可能产生；另一方面，只有在生产力发展到一定水平、人们的收入水平提高到一定层次之后，消费者才会产生多样化的产品需求，从而产品差别才有了产生的必要。

其次，产业内贸易使贸易参加国获益更大。产业内贸易更大的利益来自于规模经济。规模经济是指通过扩大生产规模而引起经济效益增加的现象，其反映的是生产要素的集中程度同经济效益之间的关系。规模经济的优越性在于：随着产量的增加，长期平均总成本下降。由于规模经济的存在，企业通过贸易活动在更大的规模上生产以降低生产成本、提高生产效率。而且，消费者也从更低的产品价格和更宽泛的产品选择中获益。产业间贸易以比较优势为基础，生产者获益依靠的是出口产品相对价格的上升，这样会减少消费者的利益，从而导致贸易参加国的整体获益较小。

最后，产业内贸易对贸易参加国国内的收入分配影响较小。产业内贸易是依靠规模经济和增加消费者的产品选择使贸易参加国获益，并不依赖于产品相对价格的变化，因而对贸易参加国不同利益集团的收入分配影响较小。而产业间贸易恰恰是依靠产品相对价格的变化，使贸易参加国整体获益，但是产品相对价格的变化却会对贸易参加国不同利益集团的收入分配产生强烈的影响。根据萨缪尔森定理，相对价格上升行业（出口部门）的密集使用的生产要素所有者会受益，而相对价格下降行业（进口部门）的密集使用的生产要素所有者则会受损。下面具体分析产业内贸易的静态利益和动态利益。

3.2.2 产业内贸易的静态利益

产业内贸易可以带来生产者利益和消费者利益，与产业间贸易所不同的是，生产者从中得到的利益主要来源于市场的扩大，而消费者从中得到的利益主要来源于商品可选择性的增加和消费者多样化需求的满足程度。对于产业内贸易的静态利益，可以运用格利卫（Greenway）提出的利益分析模型进行解释。

图 3.1 表示贸易之前一国生产者与消费者的利益获得情况。图中假设有一种商品具有 X 和 Y 两种属性,这两种属性的不同组合构成了同属于这种商品类型的无数种差异商品。图中横轴上的每一点都表示一种组合,V_1 就是其中一种组合,而消费者的偏好可能是横轴上的任何一种组合。假设每一种组合都有其固定的生产成本,单位产品的成本将随着产量的增加而降低,因此,一个厂商不会去生产所有组合,这就意味着有些消费者有可能买不到他们所偏好的商品。

图 3.1 表示这个国家只生产一种组合即 V_1,而消费者的偏好则是从 S 到 T 的各种商品组合,这样每个消费者所得的利益的大小就取决于他们的偏好 V_1 的接近程度。在图 3.1 中,$SCTP$ 阴影部分面积表示所有消费者剩余,CP 表示偏好为 V_1 的消费者的消费者剩余,GH 表示偏好的 V_2 的消费者的消费者剩余。偏好在 V_1 的消费者所得到的消费者剩余最大,而偏好在 S 和 T 的消费者所得到的消费者剩余为零。

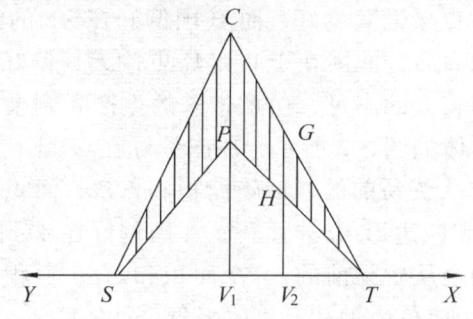

图 3.1 产业内贸易前的静态利益

用图 3.1 还可以分析生产者的利益。图 3.1 中,△SPT 面积表示生产者剩余。偏好接近 S 和 T 的消费者,可能只购买很少的 V_1 以满足生活需,因此,这一部分买者为生产者带来的生产者剩余较小,而偏好为 V_1 的消费者对 V_1 的需求最大,因此,他们愿意支付的价格就很高,通过这一部分买卖,生产者所得生产剩余就最大,这样就可以用 △SCT 面积表示出全部的生产者剩余。结合前面的消费者剩余的分析,△SCT 面积就表示了生产 V_1 时这个国家所得的静态利益。

当发生产业内贸易之后,这种静态利益将发生变化。假设 A 国与 B 国进行产业内贸易,其贸易商品是由 X 和 Y 两种主要属性组成的某种商品，两国对这种商品的需求偏好存在一定差异。可用如图 3.2 分析这种静态利益的变化。

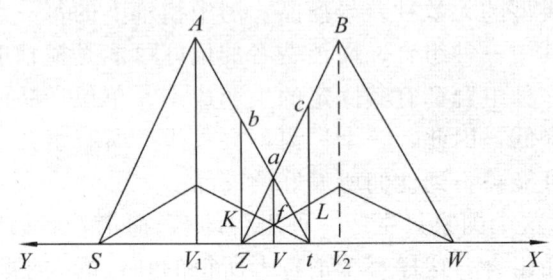

图 3.2 产业内贸易后的静态利益

假设在进行贸易前 A 国生产 V_1 种组合的产品，B 国生产 V_2 种组合的产品。当两国进行贸易后，两国的消费者都能得到更接近其偏好的产品。具体来说，A 国偏好在 V 到 t 范围内的消费者可在 B 国购买 V_2 种组合的商品，因为 V_2 比 V_1 更接近其偏好；而 B 国偏好在 ZV 的消费者可以在 A 国购买 V_1 种组合的商品，原因在于 V_1 比 V_2 更接近其偏好。贸易之后，双方的消费者都得到较大的满足，由此带来的生产者剩余和消费者剩余也大于贸易之前。具体如图 3.2 所示，B 国偏好在 Z 到 V 范围内的生产者剩余和消费者剩余从贸易前的△ZfV 面积和△Zaf 面积分别增加到贸易后的四边形 $ZKfV$ 和四边形 $Kbaf$ 面积；A 国偏好在 V 到 t 范围内的生产者剩余和消费者剩余从贸易前的△Vft 面积和△fat 面积增加到贸易后的四边形 $VfLt$ 和四边形 $facL$ 面积，总体来看，贸易后 A、B 两国净增利益分别为△Zba 面积和△act 面积，其中既有生产者剩余也有消费者剩余。这样，在进行产业内贸易之后，两国的生产者和消费者所得的净利益都比贸易前增加。而且，可以合理推断，如果 A、B 两国的消费者偏好重叠越大，则通过产业内贸易所得的静态利益越大。

3.2.3 产业内贸易的动态利益

产业内贸易不仅能给贸易各国带来静态利益，还能带来动态利益，可以说，产业内贸易比产业间贸易带来如下所述的更多的动态利益。

1. 有利于实现规模经济效应

产业内专业化可以使产品的生命周期延长，减少那种由于生产转向所带来的浪费。对于生产者来说，由于每种产品的市场容量是有限的，企业必须不断地进行产品更新换代，以适应市场需求。这时，产业内贸易可以使专业化水平提高，市场扩大，使生产者获得规模经济收益。

由于科技进步和商品经济的纵深发展，制造业的最低效益规模（MES）越来越大，企业在解决经济问题上能够使用最简洁的、投资成本最低的方案却能达到立竿见影的效果，实现利润规模的快速增长。在这种情况下，任何一个国家要生产一个产业内的所有异质产品都会受到市场规模的制约；反之，如果每个国家只生产一个产业内的一种或数种异质产品，并进行自由贸易，贸易国家彼此提供异质产品市场，则所有异质产品的生产都可以达到最低效益规模。

假设贸易前有两个对称的国家（需求曲线、成本曲线相同），本国（H）和外国（F），它们均生产两种水平异质产品（X、Y），各自生产的两种产品的数量都是 $\frac{Q_x}{2}$ 和 $\frac{Q_y}{2}$，两种产品的生产成本都是 C_0。贸易后，H国专业化生产X，F国专业化生产Y（或者相反，其结果不变），则两种产品的成本均下降到 C_1。如果实行成本加成定价（假设贸易前后加成不变），则资源节约效应与消费者剩余增加效应不言而喻（见图3.3、图3.4）。

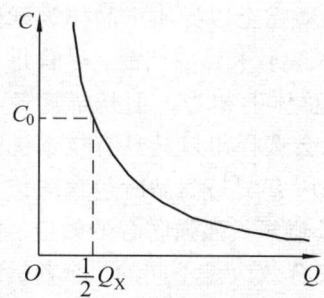

图3.3　贸易前H国产品X的平均成本

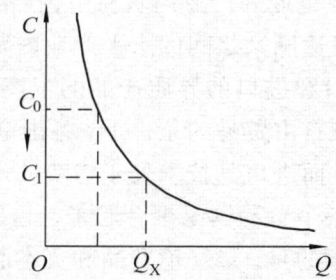

图3.4　贸易后H国产品X的平均成本

2. 促进产品的革新

产业内贸易对产品的革新有较强的刺激作用，主要表现为对增加产品花色品种（即水平差异商品）和对创造新的替代产品（即技术差异商品和垂直差异商品）的刺激作用。通过开展产业内贸易，增加产品花色品种具有双重动机，一是侵入动机，即开发生产一些接近国外消费者偏好的新品种，以占领国外市场；二是防御动机，即开发生产一些新品种以防止新的竞争者进入国内市场。同时，产业内贸易可以加速替代产品的开发，给社会带来更多的利益。新的替代产品的研制通常需要投入较多的研究与开发费用，因此，开发新产品的风险很大，而产业内贸易可以使这种风险大大降低，原因在于产业内贸易可以扩大并加快新产品的出售，在尽可能短的时间内收回研究与开发费用。

3. 技术聚合效应

一个国家的生产要素数量、质量及结构决定了其国内生产和贸易的基本构架，其中技术在要素禀赋中又起到了至关重要的作用。迄今为止，几乎所有的贸易理论都建立在生产要素不能跨国流动的假设上，这种假设显然忽略了当今世界国际直接投资（FDI）与跨国公司的巨大发展以及国际劳务频繁流动的基本事实。值得注意的是，技术向来是可以跨国流动的。这种流动可以采取两种形式：一种是包含在国际贸易商品中的技术流动，另一种是作为独立形态的技术的跨国流动。这两种技术流动在产业内贸易中均发挥作用。

在企业外产业内贸易中，技术的跨国流动完全以异质产品作为载体完成。发达国家之间的水平产业内贸易的客体是水平异质产品，尽管每个国家出口和进口的异质产品的生产技术水平总体上相当，但是毕竟各有侧重。在自由贸易的条件下，各国毫无疑问地会选择出口其具有技术优势的产品，而进口其技术处于劣势的产品，因而所有贸易商品所包含的技术优势在各个贸易国家聚合起来，起到一种扬长避短、强强联合的效应。但值得注意的是，最终消费品和资本品的技术聚合效应是不同的。前者是间接的，后者是直接的；前者主要通过进口国家的模仿起到技术"溢出"效果，而后者主要通过进口资本品投入生产过程起到技术"溢出"效果；前者体现出来的国际分工是粗糙的，后者体现出来的国际分工是精密的。

在企业内产业内贸易中，技术的跨国流动一部分以异质产品作为载体完成，一部分以对外直接投资作为载体完成。跨国投资受许多因素支配，其中最重要的一个因素就是在更广阔的范围里寻求先进技术的聚合。这种技术聚合的效应较之于通过异质产品贸易实现的效应更大。可以说，跨国投资所体现出来的国际分工是更高层次的国际分工。

在发达国家与发展中国家之间的产业内贸易中，先进技术基本上是由发达国家向发展中国家的单向流动。从这个角度讲，发展中国家与发达国家从事产业内贸易的意义相当重大。反之，发达国家与发展中国家从事产业内贸易往往基于节约成本和扩大市场的考虑，这种贸易对发达国家技术聚合的效应极小。

4. 产业内贸易对产业结构演变的促进作用

一些研究者曾对发达国家的新兴产业和主导产业在20世纪70年代的产业内贸易指数进行了实证分析，研究指出与科学技术密切联系的新兴产业和主导产业的产品是西方7个工业化国家进行产业内贸易的热点。医用电子设备在7国中有5国的产业内贸易指数在50%以上，办公设备有6国在60%以上。可见，产业内贸易发展与一国的新兴产业和主导产业的发展密切相关。技术密集型的新兴产业和主导产业产品，附加值高，需求弹性大，生产规模和贸易规模持续上升，为产业内贸易发展提供了空间。同时，产业内贸易的发展加快了科学技术、管理经验、企业家精神在不同国家同一行业内的传播和扩散，给同类产品生产质量的改进提供了技术和信息支持，并通过规模经济，实现不同国家在产品层次上的分工，实现产品生产的国际化，从而促进一国主导产业和支柱产业的同步发展。

随着国际经济贸易的发展，产业内贸易在给各贸易国带来贸易利益的同时，也促使了一国的技术进步和产业升级，提高了国家对外贸易的竞争力。因此，产业内贸易最终将取代产业间贸易成为国际贸易的主要形式，这是国际贸易发展的必然趋势。

5. 产业内调整所引起的摩擦比产业间调整小

同一产业生产要素投入有很大的相似性，在同一产业内进行生产调整，生产要素不需要大规模的调整。即使需要调整，由于对生产要素价格的弹性要求不高，而这种调整通常又是发生于同一企业或同一地区，因而调整难度不大，例如，劳动力在产业内从一个部门转移到另一个部门比较容易，可以减少调整所引起的失业。而这一点的实现依赖于以下三个影响因素。

① 由于进行产业内贸易的各个企业所生产的商品比较相似，它们雇佣的劳动力在技术上就有比较高的相似性，同一产业内的劳动力有更强的替代性，这样，劳动力在失业之后能够在相对较短的时间内重新找到工作，减少福利损失。劳动力到另一个产业工作要付出寻找工作、重新培训等方面的成本，如果其他条件一致，劳动力一般更愿意在产业内完成工作的调整。

② 产业间的工资报酬差异一般要大于产业内的工资报酬差异。从劳动力的角度出发，如果他们从前工作报酬相对较高，让他们把工作转换到报酬相对较低的产业部门中，这似乎是不大容易实现的，在劳动福利保障制度存在的前提下，将会有更多的劳动力选择宁愿失业领取救济也不到报酬相对更低的产业部门中就业。

③ 由于其他的生产要素可以在产业内更容易地流动，就使得劳动力市场的均衡更加容易，即相对于其他生产要素不能流动的情况，劳动力价格的调整要小。

综上，由于第一个和第三个因素的存在，产业内贸易带来的调整成本比产业间贸易的小；由于第二个因素的存在，使得劳动力在产业间流动的难度加大，产业内贸易会带来更大的社会效益。

6. 从收入再分配来看，产业内专业化所带来的收入再分配影响要小于产业间专业化

因为同一产业的要素投入密度很相似，产业内专业化对要素相对价格影响不大，稀缺要素所有者不仅不会因此有所损失，而且其实际收入还会有所提高。克鲁格曼曾建立模型详细分析了产业内专业化对收入再分配的影响，其结论指出所有的利益集团都会从产业内专业化中获得利益。因此，产业内专业化不会遭到抵制，产业内贸易将会受到各种利益集团的支持。

7. 产业内贸易的知识扩散效应和贸易竞争的资源配置效应

贸易的知识扩散效应和贸易竞争的资源配置效应是长期中产业内贸易影响经济增长的最根本的两个方面。Bucci 建立的人力资本积累和 R&D 投资共存的经济增长模型的基础上，引入包含贸易知识扩散程度参数的人力资本积累函数，把模型拓展到开放经济环境下，建立"产业内贸易—人力资本积累和配置—经济增长"的动态机制，在动态贸易均衡中考察这两种效应。通过研究，他得到了以下三个的结论：

第一，由于知识扩散效应的负向作用和贸易竞争效应的正向作用相互抵消，产业内贸易使人力资本更少地配置到最终产品生产部门，配置到差异化产品生产部门的人力资本份额可能增加也可能减少。

第二，产业内贸易不一定促进研发创新。对于发展中国家而言，贸易前国内进口竞争部门的垄断程度越高，产业内贸易竞争越有利于研发创新。

第三，产业内贸易的知识扩散效应促进人力资本积累，有利于经济增长，贸易竞争效应使人力资本更多地配置到低效率的非竞争性部门，不利于经济增长。因此，产业内贸易对增长的影响取决于知识扩散效应和竞争效应的影响程度的比较。当知识扩散效应的影响强于竞争效应时，贸易会促进经济的长期增长。

通过以上对产业内贸易的利益的分析可以看出，产业内贸易所带来的利益并不亚于产业间贸易所带来的利益，而且产业内贸易所带来的利益是多方面的，它使一个国家的各个利益集团都得到好处，它更有利于一个国家生产能力的提高和经济结构的改善，有利于增强一国在国际经济中的竞争力，提高经济发展水平。

3.3 不同国际分工形式下产业内贸易的利益分析

在本章上两节的分析中，可以看到产业内贸易不仅带来了直接的静态利益，还可以给贸易各国带来规模经济、技术进步和产业升级等动态利益。不仅如此，在不同的产业内分工形式下，产业内贸易对贸易国的所得利益也不尽相同。产业内贸易理论的研究对象是有关两个或两个以上国家（地区）之间同一产业内产品的相互流动。这一研究范围的界定，决定了传统的要素差异分工理论在这里不再具有决定性意义，而对产业内分工起决定作用的则是与要素禀赋不甚相关的国家特征和产业特征，即市场规模、人均收入、规模经济和产品差别等因素。按照各贸易国的国家特征和产业特征来划分，产业内分工可分为两种形式：水平型的产业内分工和垂直型的产业内分工。水平型的产业内分工是指建立在两个具有相同特征的国家的基础上，其产品具有在根本特性一致下的异质性和不同层次水平型的产业内分工，即同一产品在根本特性一致下的异质性和不同层次性的专业化，如在不同档次、规格、款式上的专业化，它主要是在要素禀赋相似且生产系数类似的发达国家之间进行；垂直型的产业内分工指建立在两个具有不同特征的国家的基础上，其产品为零部件、工艺流程即中间产品上的专业化，主要发生在发达国家和发展中国家之间。

3.3.1 水平型产业内分工下产业内贸易的利益分析

水平型的产业分工注重的是同一产品的异质性分工，主要发生在经济技术水平相似的国家之间，例如美国既生产福特轿车又进口日本的丰田轿车。在这种分工形式下的产业内贸易主要基于差别产品的交易，并带有规模经济和消费偏好多样性的特点。

第二次世界大战后发达国家之间这种产业内贸易不断增加，这一分工类型下的产业内贸易对各贸易国的利益主要表现为：在需求方面通过差异性产品的交易使一国消费者可供选择的产品增多，将会提高消费者的效用水平使其消费满意程度上升。下文以迪克西特-斯蒂格利茨模型来说明。

假设最初消费 n 个商品，价格相同并且等于 1，有代表性的消费者具有收入 I，每种商品都消费相同的数量 $C\left(C=\dfrac{I}{n}\right)$，这个消费者所达到的效用水平为：

$$U(n) = nc^{-\theta} \tag{3.1}$$

现又假设相似的消费者拥有同样的收入,并消费同样价格水平的 nk 商品,则两种效用水平上的差异为:

$$U(nk) - U(n) = nc^{-\theta}(k-1) \tag{3.2}$$

如果在第二种情况下,多样性明显,$k>1$,(3.2)式一定为正,这表明即使一个人的收入不变,商品价格不变,通过消费更多的商品所获得的效用水平也会提高,这就是产品差异化分工下产业内贸易带来的多样化的收益。从供给方面看,由于一国专门从事某一异质商品的生产经营活动,这种产业内部的专业化能够获得规模经济,降低产品平均生产成本,从而在国际市场上赢得价格上的竞争优势,增强了一国对外贸易的竞争力,并且贸易各国为了保持对特定产品的垄断地位,保持技术优势,会加大技术创新的力度,增加研究和开发的投资力度,同时研究世界市场的供求状况,在了解世界消费者多样化需求下,通过细分市场准确定位,使生产的产品各具特色。另外水平型的产业内分工下的产业内贸易,由于参与国的经济发展水平相当高,商品的要素密集度相似,贸易条件相对稳定,贸易所得增加将提高各贸易国的社会福利水平。

总之,水平型产业内分工使产业内贸易不仅有利于贸易国的消费和生产,还带动了技术的进步和国际市场营销的开展。

3.3.2 垂直型产业内分工下产业内贸易的利益分析

垂直型的产业内分工是基于中间产品生产的专业化,其产业内贸易是通过处于某一生产阶段的一国企业输入零部件或其他中间产品,加工后输出来实现的。之所以将此视为产业内贸易是因为在各国的统计上常将零部件、中间产品以及加工产品视为同组商品从而被统计成为产业内贸易。

它本质上是一种"垂直贸易",主要发生于工业较发达的国家与发展中国家之间。下面分析这类分工下产业内贸易的利得:

第一,垂直型产业内贸易的发展将推动垂直型的产业内分工的细化,通过进一步的专业化使各国生产效率提高。而且对于参与贸易并拥有核心技术的发达国家来说，由于剥离出了非核心的加工环节和中间产品的生产环节，其资金、人才和物资能更集中于技术开发上，有利于提高技术水平。

第二，垂直型产业内贸易不仅使发达国家而且使发展中国家介入，增加了发展中国家的贸易机会，提高了其产业内贸易额，使其出口创汇能力增强，同时还扩大了发展中国家的就业机会。以我国为例：1995年，加工贸易出口额为740亿美元，占出口比重50%；1996年，加工贸易出口额增至1 044.7亿美元，占出口比重约57%；而1997年，全国借加工贸易解决就业人数近2 000万。

第三，垂直型产业内贸易还具有技术上的溢出效应，在这类贸易中处于分工上游的发达国家会转移出一些对发展中国家而言先进的加工技术。通过参与，发展中国家可以获得一定的技术外溢效应，提高加工技术水平，形成自己的竞争优势。

发展中国家在发展与发达国家垂直型产业中，也应该注意这种贸易模式所带来的不利影响：

第一，在这种垂直型产业内分工中，发展中国家大多只是充当发达工业国的"后院加工厂"。发达国家实际上是在利用发展中国家的廉价劳动力，生产劳动密集型的中间品和制成品。国际上劳动密集型的中间产品与技术密集型的制成品之间的交换比率，前者处于越来越不利的地位。由于发达国家能够通过对价格的影响力，可以使参与垂直型的产业内贸易的发展中国家的贸易条件恶化，那么如果发展中国家仅仅依靠增加这类贸易出口数量来提高出口的收入，并不能提高发展中国家的经济福利，相反由于发达国家的变向掠夺，发展中国家的国民生产总值将会流失。

第二，在这种垂直型产业内分工中，发展中国家主要从事的是技术含量低的生产环节，从发展来看，其承接的也主要是一些发达国家的过时的和淘汰的技术，也就是说，这种贸易对发展中国家产业结构的调整和升级的促进作用并不大。而且由于一些对环境、生态发展不利的生产技术环节的转入，不利于发展中国家的可持续发展。

第三，垂直型产业内贸易，如加工贸易，由于"两头在外"，产业链条短，对前、后向关联产业的推动不强，其贸易附加值有限。

总之，垂直型产业内分工下的产业内贸易虽在一定程度上提高了参与国的专业化水平，增加了贸易额和溢出技术，但以发展的眼光看，它对于发展中国家转变相对劣势、培育相对竞争优势的作用并不理想。

3.4 产业内贸易在国际贸易中的地位及其对各国经济发展的作用

3.4.1 产业内贸易在国际贸易中的地位

20世纪70年代以来，产业内贸易已在世界贸易中占据了相当重要的地位，成为推动新型国际分工形式、促进新兴产业和主导产业发展的重要因素。产业内贸易也是发达工业国家对外贸易发展的一个关键性影响因素，对发展中国家对外贸易的发展也产生了深远的影响。

第一，产业内贸易已成为发达国家之间相互分工协作的主导形式。

从国家角度看，20世纪90年代初欧共体成员国之间的产业内贸易构成了发达国家之间产业内分工协作的最初表征。据格鲁贝尔（Crubel）和劳埃德（Lloyd）的估计，欧共体成员之间在1959—1967年的贸易增长中有71%是产业内贸易。进入20世纪70年代，发达国家间的"双向贸易"迅速发展。到20世纪70代末，发达国家贸易中约有一半左右为产业内贸易；20世纪90年代初，其产业内贸易接近60%。

从产业角度看，技术密集型的新兴产业和支柱产业是发达国家进行产业内贸易的热点。根据国外学者对1976年7个工业化国家产业内贸易指数的分析，与科技密切联系的新兴产业和主导产业的产品是西方7个工业化国家进行产业内贸易的热点，其中，7个国家中有5个国家的医用电子设备产业内贸易指数在50%以上，有6个国家办公设备产业内贸易指数在60%以上。1985年22个发达国家之间产业内贸易比重最大的产业分别是塑料原料（74.3%）、电力机械（66.2%）、航空（64.8%）、有机化学（64.3%）、办公机械（62.3%）、医药化工（62.3%）等。由此可见，产业内贸易发展与一国技术密集型的新兴产业和主导产业密切相关。由于发达国家之间技术水平和要素禀赋相似，生产结构和消费结构明显趋同，人均收入水平比较接近，因而比较容易形成资本、技术密集型的水平差异产品的产业内贸易和分工模式。

第二，产业内贸易已成为发达国家参与国际分工的主要途径。

根据对 1977 年 11 个工业化国家的制成品产业内贸易指数分析，11 个国家中有 9 个国家与世界各国的制成品产业内贸易指数远超过 50%，有的高达 80%。而根据 1978 年的统计资料，18 个工业化国家的平均产业内贸易指数达到 58.9%。从单个国家的产业内贸易水平来看，1975 年美国制造业的产业内贸易指数为 62.91%，其中食品加工业的产业内贸易指数为 52.38%。根据 1999 年联合国公布的贸易统计数据，到了 20 世纪 80 年代初，美国的制成品就已转向产业内贸易，至 1997 年，按照 SITC 划分的 8 类产业中，除了第 3 类食用原料（燃料除外）外，其余产业均转向以产业内贸易为主，其产业内贸易指数的算术平均值达到 63.1%，1996 年，英国、法国和德国的产业内贸易指数则分别达到 82.31%、82.69% 和 71.39%。

第三，"南北"产业内贸易也逐渐成为发展中国家与发达国家分工协作的新形式。

20 世纪 70 年代以来，"南北"产业内贸易有了长足的发展。1970 年发达国家与发展中国家工业制成品贸易的 7.1% 是产业内贸易，到 1985 年该数字上升至 15.1%。1990 年，韩国与美国、欧共体、日本的产业内贸易指数分别为 0.331、0.279、0.381；新加坡与美国、欧共体、日本的产业内贸易指数分别为 0.475、0.414、0.271。就我国产业内贸易的情况而言，有学者采用 HS 商品分类体系前四位数相同商品为标准，计算得出我国 1997 年的产业内贸易指数为 33.3%，1999 年为 40.3%。尽管在 20 世纪 90 年代我国与发达国家的产业内贸易增长迅速，1992—1998 年，我国与美国、日本的产业内贸易值年均增长率分别达到 45.8% 和 84.6%，但与美国、日本等发达国家的产业内贸易相比仍具有明显的垂直分工特征，也就是说，我国仍处于发达国家产业内分工链条的低端。

3.4.2 产业内贸易对经济发展的作用

产业内贸易有利于推动新型国际分工方式的发展，产业内分工的发展能够促进产业内贸易的发展，产业内贸易的发展也推动了国际分工方式的进一步发展，尤其是随着科技的进步，水平分工的深入发展，经济生活的国际化不断增强。产业内贸易在推动新型国际分工方式发展中发挥了重要的作用，日本学者池本清将国际分工做出了解释（如图3.5），其主要观点可以归纳为以下三点：

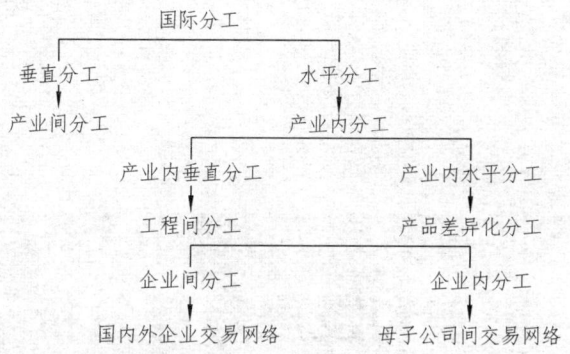

图 3.5 国际分工图①

第一，产业内贸易促进新兴产业和主导产业的发展。长期以来，工业制成品尤其是机械设备和运输设备等，是西方工业发达国家的主导产业和出口支柱产业。发展中国家发展产业内贸易有利于促进了新兴产业、主导产业的发展，原因在于在发展中国家的对外贸易中，产业内贸易不易招致贸易保护主义的报复，因而也促进了一些新兴产业的发展。

第二，产业内贸易具有广阔的增长前景。20世纪60、70年代，产业内贸易成为高收入国家之间普遍占主导地位的贸易模式时，在发展中国家的贸易关系中它也显示出或者具有越来越重要的地位。从战后的贸易发展，特别是欧盟的发展来看，产业内贸易已经成为比产业间贸易更为重要的一种贸易模式。由于产业内贸易对贸易国家内部的就业和产业调整所产生的负面影响比产业间贸易要小得多，因而其增长前景比产业间贸易更为广阔，其对各国贸易、经济发展具有重要意义。

第三，产业内贸易能够促进规模生产、提高消费者的效用和生活水平。产业内贸易使得不同国家的消费者可以享受到更多种的异质产品，满足消费者多样化需求，而且由于厂商可以有效地实现规模生产，消费者也可以用更低廉的价格购买到产品，从而提高消费者的效用和实际生活水平。

---

① 《国际水平分工与对外直接投资》，第4届多国籍企业国际学术研讨会论文集，中国文化大学，1988年11月第23页。

4 产业内贸易对我国经济发展的影响和发展趋势分析

4.1 我国产业内贸易的发展现状和形成机制分析

4.1.1 我国产业内贸易的发展现状

改革开放以来，随着我国的经济发展和人民收入水平的提高，不仅国内产业结构和消费结构发生了较大的变化，而且对外贸易的商品结构和贸易模式也有一定的转变。近年来，随着工业化进展和生产力水平的提高，我国产业内贸易的发展较快。下文采用格鲁贝尔—劳埃德产业内贸易指数（G-L 指数）来衡量我国产业内贸易情况，如表 4.1 所示。

表 4.1 是按照 SITC 的三位数产品计算的产业内贸易指数。SITC 的分类标准如下：

0：食品、供食用的活动物。

1：饮料、烟草。

2：非食用原料、生皮、油籽类、橡胶（天然、合成）、木材、纸浆、纺织纤维、天然肥料、金属矿砂。

3：矿物燃料、润滑油及有关原料（煤、石油、天然气及其产品）。

4 产业内贸易对我国经济发展的影响和发展趋势分析

表 4.1 我国按国际贸易标准分类和各类产品产业内贸易指数[①]

年份	初级产品					工业制成品			
	SITC0	SITC1	SITC2	SITC3	SITC4	SITC5	SITC6	SITC7	SITC8
1980	0.18	0.26	0.28	0.03	0.46	0.47	0.38	0.28	0.14
1990	0.24	0.32	0.34	0.29	0.61	0.53	0.54	0.35	0.19
1992	0.31	0.23	0.41	0.50	0.85	0.73	0.51	0.65	0.11
1993	0.35	0.25	0.57	0.38	0.81	0.88	0.57	0.70	0.18
1994	0.37	0.26	0.43	0.65	0.81	0.86	0.62	0.64	0.10
1995	0.32	0.20	0.30	0.59	0.96	0.89	0.64	0.61	0.15
1996	0.37	0.31	0.37	0.64	0.89	0.89	0.60	0.64	0.11
1997	0.36	0.24	0.58	0.71	0.80	0.57	0.67	0.60	0.10
1998	0.45	0.19	0.50	0.69	0.86	0.76	0.44	0.87	0.10
1999	0.48	0.21	0.38	0.59	0.85	0.72	0.41	0.87	0.10
2000	0.53	0.26	0.42	0.51	0.82	0.69	0.42	0.90	0.13

4：动植物油及油脂。

5：化学制品。

6：皮革、皮革制品、橡胶制品、木制品、纸、纸板、纸制品、纺纱的织物等制品、矿冶、金属制品。

7：机械及运输设备。

8：卫生、水运、供热、照明设备、家具及零件、旅行用品、服装及附件、鞋靴、仪器、器材、钟表。

9：难以分类的其他产品。

在这一分类中，0+1，2+4 和 3 类商品大多数是传统产品与初级产品；5 类和 7 类商品大多为资本或技术密集型的制成品；6+8 类商品大多是劳动密集型的制成品。此外第 9 类包括邮件、武器等非常规商品，笔者未列入其中。

从表 4.1 中，可以得到我国产业内贸易发展具有如下特点：

（1）0 类、1 类、3 类和 4 类商品自 20 世纪 80 年代开始产业内贸易

[①] 陈杨. 由"间"到"内"的飞跃——中国产业内贸易发展的实证研究[J]. 云南财贸学院学报：经济管理版，2003（2）：1.

指数整体走势向上，在国际市场上与贸易伙伴形成了竞争格局，进一步说明该类产品的强劲竞争格局。

（2）在我国四大类工业制成品中，产业内贸易指数波动不是很大。其中 5 类商品和 6 类商品保持旺盛增长，出口迅猛；7 类商品，包括各种机械及各种运输设备等产业内贸易指数急剧上扬，在 2000 年达到了 90%，这类产业一般技术含量较高，制作比较精密复杂，表明：一方面，我国经过 20 多年的改革开放，在许多高技术产品和资本密集型产品上已经与主要生产此类产品的发达国家的生产厂商形成一定的垄断竞争关系，具备了一定的以规模经济为前提的竞争实力，符合我国对外贸易发展战略的要求，也符合世界经济发展的大趋势。中国的外贸收益不再单纯以获取静态的比较利益为导向，而是有了向获取动态比较优势转化的迹象。另一方面，我国具有静态比较优势的传统大宗出口产品即劳动密集型产品仍然支撑着中国的对外贸易格局，这些产品几乎没有什么产业内贸易，可以从表 4.2 中我国所有产品的产业内贸易指数得到。

表 4.2 我国产业内贸易综合指数[①]

	初级产品	工业制成品	所有产品
1980	0.06	0.14	0.21
1990	0.07	0.21	0.29
1995	0.06	0.38	0.44
2000	0.05	0.45	0.50

在表 4.2 中，我国贸易商品产业内贸易综合指数的分析来看，我国所有产品的产业内贸易指数都在上升，但初级产品的产业内贸易指数仍然很低，不到 10%。工业制成品产业内贸易指数尽管在稳步上升，与发达国家水平靠（如美国的产业内贸易指数为 0.59，意大利为 0.59，加拿大为 0.67，德国为 0.63）。但是，如果仅仅以此为根据就对我国的国际贸易竞争优势作出过分乐观的判断，显然是不合适的。我国加工贸易进出口贸易总额占对外贸易总额的比重在 20 世纪 80 年代末期就达到了 38.2%，1991 年以后一直保持在 40%以上，1997 年达到了 52%，这意味

[①] 陈杨. 由"间"到"内"的飞跃——中国产业内贸易发展的实证研究[J]. 云南财贸学院学报：经济管理版, 2003（2）：2.

4 产业内贸易对我国经济发展的影响和发展趋势分析

着我国产业内贸易比重的上升有可能反映的是我国加工贸易的发展。加工贸易利用的是我国廉价的劳动力,并不代表我国科技实力等方面的提高。从我国从事产业内贸易的主体来看,很大一部分是"三资企业",表现在贸易方式上就是加工贸易占有较大的比重。"三资企业"进入中国主要是看中了我国的劳动力优势,利用我国低廉的劳动力从事产品的劳动密集型生产环节,表现在贸易活动中同类产品、尤其中间产品的大量进出口,即产业内贸易活动,但这种产业内贸易的基础却是比较优势。因此,我国对外贸易活动依靠的仍然是建立在低廉劳动力基础上的比较优势,即便存在一定程度上的产业内贸易,也从中获益甚少。所以,我们有必要更加细致地分析我国的产业内贸易。

将中国的产业内贸易细分为水平型产业内贸易和垂直型产业内贸易,把垂直型产业内贸易再分为两类,一类是出口产品相对于进口更加高档的,即占有高质量产品市场的垂直型产业内贸易;另一类是进口产品相对于出口更加高档的,即占有低质量产品市场的垂直型产业内贸易。在计算的时候,我们规定了一个范围(±20%),当相似产品的进出口价格差异在这一范围的时候,就认为两国间这类产品的产业内贸易是水平型的,当相似产品的进出口价格差异不在这一范围的时候,就认为两国间这类产品的产业内贸易是垂直型的;如果出口价格比进口价格高,表明本国进行的是占有高质量产品市场的垂直性产业内贸易,如果出口价格比进口价格低,表明本国进行的是占有低质量产品市场的垂直性产业内贸易。

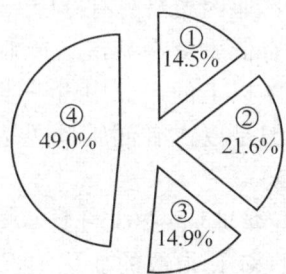

图 4.1　2001 年中国 IIT 份额 0.7 以上产业的 IIT 类型组成[①]

注:① 表示产业内贸易的类型无法确定;② 表示占有高质量产品市场的产业内贸易;③ 表示水平型产业内贸易;④ 表示占有低质量产品市场的产业内贸易。

---

① 苑涛. 从产业内贸易看我国的对外贸易竞争优势[J]. 社会科学辑刊,2004(4):9.

从图 4.1 可以看到，2001 年中国产业内贸易份额达到 0.7 以上的产业一共有 255 个，其中有 125 个产业（占 49.0%）进行的是占有低质量产品市场的产业内贸易，有 38 个产业（占 14.9%）进行的是水平型产业内贸易，有 55 个产业（占 21.6%）进行的是占有高质量产品市场的产业内贸易，有 37 个产业（占 14.5%）的产业内贸易类型无法判断，占有低质量产品市场产业内贸易的产业，在我国 2001 年产业内贸易份额占 0.7 以上的产业中占将近一半。

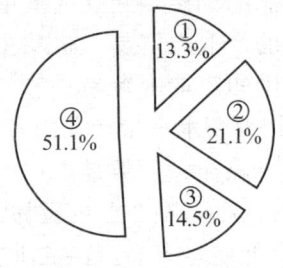

图 4.2　2002 年我国 IIT 份额 0.7 以上产业的 IIT 类型组成[①]

从图 4.2 可以看到，2002 年中国产业内贸易份额达到 0.7 以上的产业一共有 256 个，比 2001 年的 255 个略多，其中有 131 个产业（占 51.2%）进行的是占有低质量产品市场的产业内贸易，有 37 个产业（占 14.5%）进行的是水平型产业内贸易，有 54 个产业（占 21.1%）进行的是占有高质量产品市场的产业内贸易，有 34 个产业（占 13.3%）的产业内贸易类型无法判断，占有低质量产品市场产业内贸易的产业，在我国 2002 年产业内贸易份额 0.7 以上的产业中占一半以上。可见，我国在进行产业内贸易的时候，依旧是以占有低质量产品的产业内贸易为主，竞争优势主要来自于价格优势。

近几年，根据冯晓华、龚琼琼（2015）计算并分析了 2001 年至 2011 年制造业 27 个细分行业的 G-L 指数的变化情况，研究表明我国石油加工及炼焦业、医药制造业、普通机械制造业、交通运输设备制造业、电气机械及器材制造业、仪器仪表及文化办公用机械等行业的 G-L 指数都大于或等于 0.8，这说明这几个行业的产业内贸易程度较高。特别是仪

---

① 苑涛. 从产业内贸易看我国的对外贸易竞争优势[J]. 社会科学辑刊，2004（4）：9.

器仪表及文化办公用机械行业，2001—2011年，其G-L指数均值为0.96，而且在2002年指数均值几乎为1，达到了完全产业内贸易。而服装及其他纤维制造业、家具制造业的G-L指数则特别小，不足0.1，说明这两个行业产业内贸易程度很低，以产业间贸易为主。从整体来看，我国制造业27个细分行业中有19个行业的G-L指数均值都大于或等于0.5，所以产业内贸易行业占总制造业的70%以上。可见我国制造业行业中产业内贸易发展迅猛，正逐步成为其主导贸易模式。

由前面对我国产业内贸易发展的现状分析，可以得出这样的结论：我国经济的持续、健康、快速发展促进了我国产业内贸易水平的迅速增长。这是因为，一方面经济的增长为需求的增长提供了物质基础，需求的增长扩大了与发达国家代表需求的重叠范围，这就为产业内贸易的增长提供了需求基础；另一方面需求的增长促进了产业的升级、技术的进步和劳动生产率的提高，从而扩大了具有出口竞争优势产品的范围，这就为产业内贸易的真性增长提供了产品基础。但是我国产业内贸易的真性增长不足或者存在着滞后。同样，我国产业内贸易水平相对于发达国家以及新兴工业化国家的低下，归因于我国经济发展水平与技术水平的相对落后。我国的出口商品结构，自20世纪80年代以来虽已表现出明显的改进，但出口的大多数工业制成品仍是附加值低、加工程度浅、技术含量少的低档次劳动密集型产品，或者是半加工品和初级加工品，许多还是来料加工或装配制成品。我们需要进一步研究产业内贸易不同类型的原因及其影响，并形成一定的政策，促进我国出口产品结构的升级，进一步提升我国国际贸易的竞争优势，加强其对经济发展的拉动作用。

4.1.2 我国产业内贸易的形成机制分析

垂直型产业内贸易主要以垂直差异产品为贸易对象，垂直差异一方面是指产品质量、档次上的差异，另一方面也可指同一产业内垂直生产阶段生产的产品的差异，这类交易普遍发生在发达国家和发展中国家之间。水平型产业内贸易以水平差异产品为交易对象，技术进步使产品差异化程度提高，而产品差异化是导致垄断竞争的基本因素。

第一，垄断竞争使同行业内企业数目减少，单个企业规模扩大，从而达到规模经营。随着企业规模的扩大，其有动力和能力加大研发投入，这又会进一步促进技术创新，从而使一国经济和贸易进入良性循环。在这些因素中，规模经济是水平型产业内贸易的基本原因。由于规模经济的存在，使一国不会生产所有差异性产品，而专门生产特定的一些差异产品，因此使同一产业内存在着贸易的必要性和可能性。

第二，对跨国公司直接投资所产生的产业内贸易进行分析。随着跨国公司的大量出现，跨国公司的活动对国际贸易的影响越来越大，目前跨国公司已经控制了世界贸易的3/5。由于产业内贸易的主体大多是发达国家的垄断竞争厂商、寡头厂商和垄断厂商，跨国公司的投资行为也成了产业内贸易产生的一个重要原因。如果跨国公司对外直接投资的目的是分割生产环节，进行垂直产业分工，利用东道国的廉价劳动力从事产业链中增值较低的劳动密集型的加工装配环节，那么由于这种投资的"输出诱发效应"和"逆输入效应"显著，其在贸易上就表现为垂直型产业内贸易。东道国进口知识密集型生产环节生产的零部件、中间产品，出口劳动密集型生产环节加工、组装好的成品。如果跨国公司对外投资的目的是为了获得规模经济和产品多样化，那么跨国公司会倾向于在东道国建立自己的生产和销售体系。这种投资的"输出替代效应"和"输入转换效应"可能会降低产业内贸易水平，但如果结合产品差异和消费者偏好来分析，跨国公司的这种投资行为不仅扩大了生产规模，而且丰富了差异产品，在需求拉动下，会促进水平产业内贸易的发展。第二次世界大战后发达国家之间的相互投资额与产业内贸易额同时增长的现象充分证实了这一点。这种投资所产生的水平型产业内贸易对投资国和东道国的外贸竞争力都有促进作用：对投资国而言，由于母公司和海外公司之间是水平分工，从事基本相同的生产经营活动，从而获得了规模经济效应，降低了产品的平均成本，极大地提高了投资国的外贸竞争力；对东道国而言，跨国公司的投资带来了先进的生产和经营技术，这些技术具有很强的"技术外溢效应"和"产业前后相关联效应"，能很好地带动东道国相关产业的技术进步和产业升级，从而也极大地提高了东道国的外贸竞争力。

第三，从发达国家的发展历程来看，首先，产业内贸易与一国经济发展水平有着密切关系，这主要集中在发达国家之间，且一国经济越发达、竞争力越强产业内的贸易水平越提高。根据国外学者研究表明，工业化国家的产业内贸易水平高于新兴工业化国家，而后者又高于非新兴工业化国家。哈韦雷里逊和塞文在1978年选取了10个工业化国家，是10个新兴工业化国家和20个非新兴工业化国家，用当年的统计资料和产业内贸易指标计算得出，工业化国家的平均产业内贸易指数为52.9%，新兴工业化国家为43.08%，非新兴工业化国家仅为12.34%。其次，产业内贸易主要集中在制造业，且一个产业的技术密集程度越高，该产业的产业内贸易水平就越高，根据费斯特纳和海尔穆特的研究，1985年22个发达国家之间产业内贸易水平最高的产业分别是塑料原料（74.3%）、电力机械（66.2%）、航空（64.8%）、有机化学（64.3%）、办公机械（62.3%）、医药化工（62.3%）等。由于发达国家在技术水平、资源禀赋和需求结构上有很大的相似性，因此他们之间以水平型产业内贸易为主。另外，技术密集型产业的产品主要是水平差异产品，因此可以推断，提高水平型产业内贸易的水平是提高一国外贸竞争力的重要手段。

根据对我国产业内贸易的理论研究，现阶段我国产业内贸易的形成机理主要有：

（1）源于相似产品在生产技术上的差距而产生的产业内贸易。由于我国在高新技术上的差距，我国外贸结构在高技术产品基础上的水平分工程度还很低，因此出口的是技术含量低的产品，进口技术含量高的产品而产生产业内贸易。

（2）源于加工贸易发展带动的产业内贸易。由于加工贸易在统计上属产业内贸易，加工贸易是我国参与国际分工的方式之一，目前我国是加工贸易大国，因此源于加工贸易的产业内贸易程度高。

（3）源于弥补资源缺口的产业内贸易。我国既是资源大国又是资源相对稀缺国，为了弥补原材料不足和质量不高的情况，进口一些资源以支持产业内贸易的产品生产。

（4）源于消费者对产品多样化偏好的产业内贸易。随着我国生活水平提高，消费者需求呈多样化，我国进口一些异质产品以满足不同层次的消费需求而产生产业内贸易。

（5）源于中间产品交换的产业内贸易。由于生产国际化和产业内专业化分工的发展，越来越多的中间产品进入国际商品流通领域，中间产品的相互进口和出口促进了我国产业内贸易的发展。

　　由于以上几方面的原因,我国产业内贸易不断发展,但垂直产业内贸易占据相当大的比重,水平产内贸易变动不大,且水平较低,前者发展水平远远超过后者,说明目前我国产业内贸易仍处于低级阶段,即处于以垂直产业内贸易为主的阶段,造成这种局面的原因分析如下。

　　首先,由于我国大部分产业内企业数目过多,且过于分散,尚没有达到规模经济。如今我国的汽车制造企业厂家数量已超过了日本、美国、欧洲等汽车大国的所有汽车厂家之和,可谓汽车企业数量上的"超级大国",但单个企业的生产规模很小,很多企业没有达到最低有效规模。徐娅玮(2001)通过对时间序列对中国整体产业内贸易发展的回归分析,认为规模经济对中国产业内贸易影响不大。马剑飞、朱红磊和许罗丹(2002)运用跨部门截面分析法对中国1999年和2000年的数据进行了加权回归处理,检验了国际产业内贸易理论在中国的适用情况,得到规模经济因素对中国产业内贸易没有显著影响的结论。这说明中国的许多企业可能还没达到规模经济收益递增阶段,处于规模不经济状态或是规模太小。尽管有如上结论,笔者认为为了促进中国产业内贸易的发展,企业应研究国际市场,开发适销对路的多样化产品,积极进行技术创新。虽然规模经济对中国产业内贸易发展的影响不显著,这也只说明中国目前具有规模经济的企业不多,总体来说行业内并未达到规模经济状态。而从另一个角度来说,规模经济确实有利于企业自身实力的增强,也是企业发展的趋势,所以积极提升企业规模是有必要的。在国内有关这方面的实证研究中,周戈、任若恩(1999)通过指标分析了中国的产业内贸易现状,得出中国产业内贸易总体呈上升趋势,认为增加产品多样性和寻求规模经济是增强中国产品竞争力的一条重要途径。因此,企业在一个政府监控和完善的资本市场下,合理进行合并或是收购,形成规模效应,也是企业提高竞争力的有效途径之一。对于外国直接投资,要提高质量,加强与国外先进技术和管理思想的交流,从而使其带来更多的技术溢出效应,逐步改善中国在世界经济环境中处于垂直分工下端的地位。

　　其次,人力资本稀缺,科技水平不高。反映一国人力资本水平主要有两个方面:一是教育水平,二是企业教育培训状况。对于人口众多(特别是农村人口占了 80% 左右)、地区经济、文化发展极不平衡的中国来讲,目前的教育水平还比较落后。虽然 2001 年,高等教育发展已初步形成多层次、多形式、学科门类齐全的体系,1990 年我国本专科在校生人数为 206.3 万人,2013 年本专科在校生人数达到 2 468.1 万人,比 1990 年增加了 2 281.8 万人;1990 年在学研究生为 9.3 万人,2013 年达到了 179.4 万人,比 1990 年增长将近 20 倍。但从相对数来看,专科以上的在校生仅占总人口的 1.81%。就我国科技发展水平而言,世界经济论坛 2013 年对 148 个主要国家和地区的全球竞争力评价显示,我国技术水平列世界第 29 位。报告认为,中国宏观经济环境良好,公共债务占 GDP 的 22.9%,为全球最低,但中国未来的发展不应该再依靠廉价劳动力。世界经济论坛全球竞争力与表现中心副主任梯也尔·杰格认为,中国需要在创新方面做出更多努力:"中国的确需要提高创新能力,中国已经具备了一定的竞争力,长时间以来中国被称为'世界工厂',而现在中国应该更多依靠服务产业、高附加值产业和创新(提高竞争力)。因为中国现在已经积累了一定的财富,而未来提高竞争力的关键将是创新、技术以及提供高附加值产品和服务的能力,所以对于科技创新是关键的说法,我想对于中国也是同样适用。"

最后,加工贸易和外商的垂直型投资方式使我国产业内贸易主要表现为垂直产业内贸易。加工贸易是指以保税方式从国外进口原材料和中间产品,经加工为成品后再出口的贸易方式,其主要以垂直产业内贸易的形式进行。在加工贸易中,进口的原材料和中间品是资本、技术密集的生产阶段生产的新产品,最终组装加工成的制成品是劳动密集产品。

4.2 产业内贸易对我国经济发展的影响

从前面两章关于产业内贸易的经济发展观和经济效应分析中我们可以看到,以静态比较优势为基础的分工和贸易所形成的福利效应是以平等贸易和完全竞争为前提的,而现实生活中贸易的不平等性和市场不完全决定了发展中国家在这一分工和贸易模式下,可能要遭受贫困增长的不利后果。与此相反,按动态比较优势进行分工所对应的贸易模式是产业内贸易,由于受产业内贸易下的规模经济、技术集聚和产品差别等效应的积极影响,它将有利于国民经济发展。下文将分析产业内贸易对我国的就业、规模经济、技术进步和产业升级的影响。

4.2.1 产业内贸易可以减少失业、降低我国经济结构的调整成本

随着产业内贸易份额的不断提高,它与劳动力流动之间的关系受到了广泛重视。产业内贸易在增进一国物质福利的同时,能够降低调整经济结构、贸易结构的成本。与产业间贸易不同的是,产业内贸易并不直接引起贸易国家间生产要素比率的改变,因为同一产业要素投入有很大的相似性,在同一产业内进行生产调整,生产要素不需要大规模的调整。即使需要调整,对要素价格的弹性的要求也并不高,而且这种调整通常是发生于同一企业或同一地区(比如劳动力在产业内从一个部门转移到另一个部门),因而调整起来比较容易,由于调整而引起失业的情况也较少。从这一个角度来说,产业内调整所引起的摩擦比产业间调整小。从现有的研究结果来看的确如此。根据弗农(Vernon)的研究发现,由于产业内贸易的增加,澳大利亚贸易自由化的短期和长期调整成本都比从前预计的少。Haynes 等学者利用经济计量方法,对企业、产业和职业的工资报酬进行评估,从而预测以工资损失为表现的由于工作在产业间和产业内移动所造成的成本。他们对英国的一批工人进行了跨时调查(1975—1998 年)时发现,如果工人在变换企业的同时也进入了一个新的产业,收入会下降,尤其是对于年纪较大的工人来说,他们受到的损失更大,说明他们的产业间调整成本是很大的;如果工人在同一产业内变换所在企业和工作岗位,收入会下降,但是负面影响不是特别大;如果工人在变换工作岗位的同时,也换了企业和所在产业,则受到的损失是最大的(比仅改变岗位和企业时的调整成本大许多)。由此得到结论,产业内的调整确实比产业间的调整对收入造成的负面影响小,即产业内的调整更加节约成本。另外,Haynes 等学者还对美英两国的产业内调整成本与产业间调整成本进行

了比较研究，结论是，对于失业时间长度来说，产业内的劳动力要素调整成本比产业间的调整成本低。

以上分析对我国来说有着更加重要的意义。现在我国正处于向市场经济转变的关键时期，经济结构发生巨大的变化，由此引起失业是难免的，产业内贸易的发展可以减少调整所引起的失业，有利于社会稳定。从另一个角度而言，产业内贸易的发展意味着一国要参与国际分工获取利益，并不一定要以牺牲某些产业发展为代价，关键在于能否促进一国内部的一些产业发展到规模经济，从而通过规模经济和消费多样化来增进一国的整体利益。如汽车、石化、电子并非我国的优势产业，但如果扶持发展这些产业，获取规模效益，即可获得整体利益，还可带动贸易结构升级换代，降低经济结构调整的代价。因此我们可以知道，充分发展我国与其他国家的产业内贸易是减少我国贸易结构调整成本的方法之一。

4.2.2 产业内贸易有利于我国实现规模经济效应

规模经济是产业内贸易的动因之一，发展产业内贸易的思路对我国实现规模经济有重要启发作用，单一企业由经营从原材料到最终产品的全过程转向某一部分工序的专业化生产，可以减少经营成本，有助于实现企业规模的扩大；在此基础上形成相关企业向一定地区集中的外部规模效益即"地区集中化经济"，这种地区集中经济在我国的技术、知识等总体稀缺但局部丰富的分配格局下，能够尽可能地提高此类生产要素的使用效率，形成相关资源的"蓄水池"和"造血库"；通过集中趋势带动相关行业的前向和后向联系，实现多个相互关联的行业同时平衡发展的实现方式，克服现有的条块分割的国有企业在单一的生产格局上与相关部门"老死不相往来"而逐步丧失市场控制能力的局面，在经济布局上以逐步实现城市化辐射状经济带的手段来带动地区间经济的联动发展。

以规模经济为基础进行国际分工、发展以规模经济为基础的产业内贸易，是我国产业结构升级换代的必然选择。第二次世界大战以后，跨国公司、对外贸易商社的迅速发展，及其在国际经济发展中的龙头作用，就是规模经济规律在国际分工、国际贸易发展方面的重要体现。目前，具有规模经济性的产业多数是高附加值、高技术含量、强经济牵引性、高经济技术综合应用性产业。我国要调整产业结构，发展高附加值、高技术含量、强经济牵引性、高经济技术综合应用性产业，不注重规模经济规律的重要作用是不行的；不利用以规模经济为基础的国际分工是不行的。现在，在世界范围内，以规模经济为基础的国际分工已形成一定的基础，但仍处于萌芽阶段。这正是我们利用我国的优势，大力发展产业内贸易，在以规模经济为基础的国际分工逐步成形前占据优势地位，同时形成自己的优势产业结构的重要时机。

从我国的现实经济条件来看，我国已经走过了不可避免的对外贸易粗放发展时期，已经具有一定的对外贸易能力的量的积累，实现对外贸易的质的升级已经成为我们面对的基本课题。也就是说，历史的机遇、历史的挑战发生了对我们有利的重合。只要我们抓住时机，努力奋斗，一定会为我国的产业结构优化和对外贸易升级，做出重大贡献。规模经济是以现代技术为基础的经济；以规模经济为基础的国际分工，就是以生产要素禀赋动态优化为基础的国际分工。其基本着眼点是产业结构的动态调整、优化和规模经济利益的国际分割。具有规模经济性长期发展的永续产业，主要是高附加值、高技术含量的工业制成品产业。以此类产业为主要国别配置目标进行国际分工，必然改变以往"劣势""夕阳"产业和"优势""朝阳"产业的国别分化集中，改变国际贸易的不等价交换格局，推动国际贸易的公平、合理化，是我国获得更多的规模经济利益。

4.2.3 产业内贸易有利于促进我国技术进步

提高技术水平对于我国开展与发达国家的产业内贸易具有重要的意义。特别是当下我国正处于产业结构升级的转折期，不可否认地存在向发达国家引进先进技术和管理经验，并通过自己的投资和生产活动逐渐吸收、消化和创新的过程，也就是一个贸易结构得以不断优化的过程。产业内贸易的开展在为消费者提供更多品种选择的同时，增加了企业学习、创新的动力。它对产品革新的刺激作用主要表现为对增加产品花色（即水平差异产品）和对创造新的替代品（垂直差异产品）的刺激。存在产业内贸易时，增加产品花色品种具有双重动机，一是侵入动机，即生产出一些接近国外消费偏好的新品种，以占领国外市场；二是防御动机，即生产出一些新品种以防止新的竞争者进入国内市场。同时产业内贸易可以加速替代产品的开发，给社会带来更多的利益。新的替代产品的研制通常需要投入较多的研究与开发费用，因此开发新产品的风险是很大的，而产业内贸易可以使这种风险大大降低，因为产业内贸易可以扩大并加快新产品的出售，在尽可能短的时间内收回开发与研究费用。

另外，产业内贸易的开展使企业得以在更高水平的专业化生产中充分发挥生产要素的生产潜力，能够拓展品种范围、提高产品档次、加速技术创新，在动态的学习中降低成本，通过"外溢"的技术促进产业规模的扩大，使产业在竞争中得到发展，这也是规模报酬递增的一个表现形式。特别是这种分工形式同生产要素的流动结合起来时，"行而致知"效应更加明显,因为外国资本的引进往往同技术存量的增加联系在一起，从而提高了本国企业同国外同行展开产业内分工的能力。

4.2.4 产业内贸易有利于我国产业升级、提高企业的竞争能力

经济发展指的是随着经济结构和制度的变革而带来的经济增长。也就是说，经济发展不仅仅意味着产出的增加，更重要的意味着随产出增加而出现的经济在结构上的变化以及社会、文化等条件的变化，这种变化表现在产业结构上，则是产业升级的实现。产业结构的变动是经济发展的核心内容，产业结构的转换进而带来就业结构和收入结构的变动。当经济增长是由畸形的出口贸易所导致时,单纯按照比较优势理论安排，以本国自然禀赋参与国际分工与贸易，是不利于本国产业升级的，从分工与贸易中所分得利益较少。通过产业内贸易的促进与引导，实现产业升级是经济发展的"硬道理"。

产业内贸易的外部性形成的技术聚合效应对产业升级的影响。20世纪80年代末和20世纪90年代初以来,技术开始被作为一个重要因素来解释国际贸易，同时将经济增长引入这一分析框架。产业内贸易对技

的促进作用是可以改变技术进步的外部条件，如开展产业内贸易后竞争压力的增强可以迫使各国研制新产品、应用新材料新工艺，以贸易所带来的规模经济为技术进步提供经济上的可能性。同时，由于技术的改变可以影响产业的发展，尤其是从产业内贸易中"外溢"的技术可以促进产业规模的扩大，使产业在竞争中得到发展，从而参与更高级的国际分工。技术进步的一个重要途径是技术创新，而激励方式、创新的时机选择、专利竞赛的性质由产品特征和产业的市场结构决定。产业内贸易的扩大，无疑增加了技术创新的可能性。

约瑟夫·熊彼特首创了关于市场结构对创新影响的现代化研究，并将注意力集中在分析经济结构在科技进步中所扮演的角色上。熊彼特对创新过程的认识经历了两个阶段。早期他强调企业家对创新的推动作用，并认为技术活动是外生的经济变量，这被后人称之为熊彼特创新模型Ⅰ；后期熊彼特强调大企业在创新中的巨大作用，并认为技术主要来自企业内部的创新部门，技术创新是内生的，被称之为熊彼特创新模型Ⅱ。1939年熊彼特研究了经济长期波动的原因，在这个称之为熊彼特创新模型Ⅰ中，他强调了发明和企业家创新精神的重要作用，并且认为企业家和小企业是创新和经济增长的主要引擎。在他看来，发明是现有企业的外生变量，企业家是具有冒险精神和善于将发明转化为商业上利用的创新的人，企业家在解释创新中起了重要的作用。在熊彼特看来，创新和市场力量之间存在着正相关关系，大厂商比小厂商更具创新性。他提出，拥有垄断力量的大公司较有可能提高产业技术，因为它们在维持研究和开发实验室方面，能够轻而易举地获得资本，拥有集聚风险的能力，而且具有规模经济。熊彼特认为，厂商之所以甘愿冒引进新思想和克服旧障碍不可避免的风险，进行技术创新，其主要动力和目的就是期望在竞争中获得垄断地位，并在垄断维持期间能保持享受超额利润的能力。传统的贸易理论涉及技术因素时，往往把技术作为外生变量，分析技术的变动对贸易模式和各国福利的影响。但是，如果我们把技术作为内生变量研究技术的变动的原因，同时研究技术的进步作为生产和贸易的结果对产业结构的影响：就会发现贸易、产业升级与技术进步之间存在着互动关系。在现代产品中，诸如航空工业产品、电子计算机与办公设备、电子元件与电子设备、药品、科学仪器与机电设备等，在其最初的开发阶段，都包含了相当高的研究费用。在最初的产品出现时，它们

4 产业内贸易对我国经济发展的影响和发展趋势分析

均属于高技术含量、高附加值的新产品。由于现代科技发展的高速度，这些产品又很快成为传统技术产品。

弗农（Vernon）教授的产品生命周期理论，将现代比较优势理论中的要素密集度内生动态化，勾画了这样一幅图景：某种新产品研发问世后，它在生产国之间的进出口的消长现象就好像海涛似的一浪接着一浪。即美国推出新产品后，出口逐步增加，西欧各国开始以较大规模生产这种产品时，美国就会从出口的高峰上降下来，而此时西欧各国则从进口的低谷逐渐上升；等到西欧各国产品开始出口时，美国的出口已下降到接近零，并随后开始进口；等到西欧各国走向出口的高峰时，美国可能正向进口的低谷前进。但是当等到某些后起发展中国家（如中国）从生产这种产品转向大规模向美欧国家出口时，西欧各国也会从出口的高峰上降下来，并步美国的后尘，逐渐向进口的低谷滑去。与此同时，我国等某些起发展中国家则开始迈向出口的高峰。产品生命周期理论对产业内贸易的解释如图 4.3 所示。

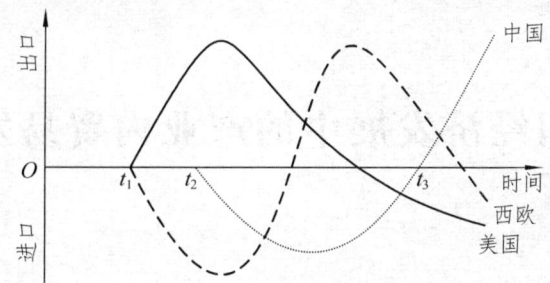

图 4.3 不同生命周期的同类产品产生产业内贸易

在图 4.3 中，t_3 时期后，产品已经标准化，美国成为该产品的净进口国，西欧发达国家出口该产品到美国和发展中国家，但出口占比趋于下降，作为发展中国家的我国开始出口该产品，从而形成我国与西欧发达国家之间同类产品之间的产业内贸易。弗农认为，需求引导创新，具有大量研究与开发费用及科研条件的国家（如美国、日本等发达国家）首先研制与开发出一种新的高技术产品，并进行生产，占领世界市场，具有垄断的竞争优势。接着我国在进口这些产品的同时，注意将实用生产技术同本国的人力资本结合起来，利用技术外溢的作用，逐渐开始生产这些产品，与发达国家竞争，形成该产品的产业内贸易。形成这种现代高技术产品贸易格局动态变化的原因在于,在这些产品从发明到淘汰的整个过程的各个阶段上,不同的生产要素先后在生产上占有首要地位。在产品从无到有的发明时期,研究与开发的经费与科研条件起决定性作用。而我国则可以通过贸易发展,节省这些费用。尤其是当该产品形成较大市场,大规模生产成为需要和可能时,生产技术、资本及熟练劳动力成为主要生产要素;这时技术外溢的作用就体现出来了。

从本节分析中我们可以知道,产业内贸易对我国经济发展的影响是多方面的。随着世界经济贸易的发展,产业内贸易已成为影响国际分工的重要因素,在给各贸易国带来利益的同时,将取代产业间贸易而成为国际贸易的主要形式。在这样的形势下,我国如果还是力图按照传统的贸易模式进行对外贸易,势必会在国际贸易利益分配中丧失机会。因此,我国要想在新的国际分工中找到最有利的位置,必须顺应国际贸易发展的趋势,改善产业结构,积极发展产业内贸易,从而获取规模效益,提高社会福利水平,降低我国经济结构、贸易结构调整的代价,最终推动我国经济的发展。

4.3 我国经济发展中的产业内贸易发展趋势分析

4.3.1 经济发展对产业内贸易的影响理论分析

产业内贸易产生的原因有规模经济、产品差异、需求重叠等,但它并不能脱离一定的经济发展水平而存在。处于不同经济发展水平的国家,其平均产业内贸易指数各不相同。哈韦雷里逊根据 1978 年的统计资料计算得出,10 个工业化国家的平均产业内贸易指数为 52.9%,10 个新兴工业化国家和地区的平均产业内贸易指数为 43.08%,20 个非新兴工业化国家的平均产业内贸易指数仅为 12.34%。各发达国家经济发展水平、产品差异化程度和消费需求结构较为复杂,因此在战后,各国的大型企业利用规模经济、差异产品,形成与众不同的竞争优势,在经济水平相当的国家内扩大产品市场,获取利润,从而加快了发达国家之间产业内贸

4 产业内贸易对我国经济发展的影响和发展趋势分析

易的发展。发达国家与发展中国家之间由于经济发展水平存在较大差距，决定了它们之间的产品差异化程度、消费需求结构和市场规模均有较大差距，所以它们之间的产业内贸易指数较低。

产业内贸易的发展与各国经济发展水平相联系。因此，随着发展中国家经济的发展和人均收入水平的不断提高，产业内贸易在发展中国家贸易总额中的比重会不断上升。近几年新兴起的工业化国家或地区的产业内贸易指数：在 1978 年的制成品贸易中，韩国、新加坡、中国香港和台湾地区的产业内贸易指数分别是 34.9%、66.9%、40.8%和 34.7%。其他地区的新兴工业国也都呈现出同样趋势，如巴西为 37.8%，阿根廷为 42.3%。这也许揭示出了一条重要规律：发展中国家若要真正有效地参与国际经济大循环，加快本国经济发展，必须也必然要加入到产业内贸易的大潮流中来。尤其像我国，要实现国内经济与国际经济的接轨，参与产业内贸易不可避免。

下文我们可以用瑞典经济学家林德尔（Linder）在《论贸易和转换》一书中提出的收入相似的国际贸易理论来解释产业内贸易，来说明一国经济的发展对产业内贸易的影响和促进作用。林德尔的收入需求相似理论实际上是在现代比较优势理论的一般均衡框架内，用国家收入变动所引起的消费结构的差异来解释"产业内贸易—国的经济发展水平可以用人均收入水平来衡量"这一命题，人均收入水平越高，对产品的消费需求越大，从而更好地促进经济增长。林达尔提出的基本论点有以下四个方面：

（1）一国的工业制成品要成为出口产品，首先必须是一种本国消费或投资生产的产品，或者说工业制成品出口的可能性取决于它的国内需求。这是因为：第一，厂商生产的动机来自于国内的市场需求，随后才会因本国市场的狭小而把销售范围扩大到国外。第二，就新产品的发明来说，厂商一般需要与消费者反复交流信息，如果消费者和市场在海外，信息成本高，故本国市场的需求才是厂商从事新产品研制和发展的推动力。

（2）两个国家的需求结构越相似，这两个国家之间的潜在贸易量就越大。如果两个国家的需求结构差不多相同，那么它们的消费者和投资者所需要的产品就是性质和加工程度相差不大的产品，故一国可能进出口的商品也是另一国可能进出口的商品。

（3）各国的人均收入水平是决定需求结构的主要因素。人均收入水平高的国家通常需求高档的消费品和投资品，人均收入水平低的国家通常需求较低档的消费品和一般投资品。由此可见，人均收入水平的差异是国际贸易的潜在障碍。一国虽有比较优势的产品，但如果另一国由于收入水平低而对其没有什么需求，那么两国之间仍不会发生贸易。

（4）虽然由于各国人均收入水平不同从而需求结构的相似性与国际贸易产生的可能性密切相关，但富裕的工业化国家与贫穷的发展中国家之间仍会存在一定的贸易关系。这是因为富裕的国家中有穷人，而贫穷的国家中有富人。因此，在这两类国家的市场中的某一部分仍然存在相似的需求结构，这为它们之间展开贸易提供了有利的条件。可以推断，在两国人均收入水平差距很大的条件下，两国国内收入分配的差距会扩大两国之间的贸易量。

林德尔的理论用人均收入的相似性来解释国际贸易的流向，它说明收入水平的上升使工业制成品的贸易在发达国家之间得到了发展。这些国家相互出口的往往是种类相同、但品牌不同的产品，从需求方面解释了发达国家之间大量存在的产业内贸易。同时，也说明一国的经济发展水平通过人均收入水平，对该国的产业内贸易水平有重要的影响。下面我们可以用图4.4来说明我国经济发展对产业内贸易的影响。

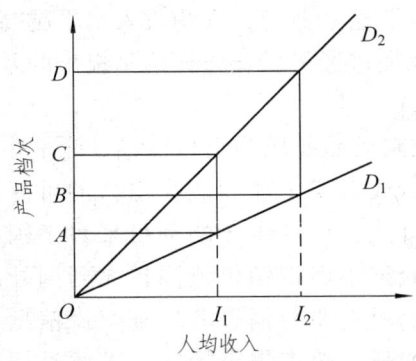

图4.4　收入相似与产业内贸易

图4.4中纵轴代表商品档次，横轴代表人均收入，OD_1、OD_2 与原点所构成的锥形 D_1OD_2 代表一国对其所需求产品的档次的变动范围。设我国的人均收入为 I_1，美国的人均收入为 I_2，与 I_1、I_2 相应的 AC、BD 分别表示我国、美国的需求商品档次范围。BC 部分重合，表示两国会就 BC

范围内档次的商品进行贸易。两国对产品需求的档次变动范围重合部分越大，表示需求结构越相近，贸易可能性就越大。根据林德尔收入相似理论，两国的经济发展程度越接近，因而人均收入的差异将越小，重叠的市场部分将越大，两国的贸易量将越大。由此可见，随着我国经济发展水平的提高，我国与发达国家之间的产业内贸易的增长将是一个长期趋势。

4.3.2 我国产业内贸易指数的变动趋势

下面我们从国家整体的角度来分析我国产业内贸易在总贸易中所占比重的变动趋势。从一个国家的角度来讲，产业内贸易比重可由不同产业的产业内贸易比率的加权平均数求得，即一国所有产品的产业内贸易综合指数其计算公式由 2.2 式得到。根据这一公式，下面以我国与东亚各国（地区）的产业内贸易比重进行计算后可以得到表 4.3 和图 4.5。

表 4.3 我国产业内贸易指数变动情况[①]

年　份	1986	1987	1988	1989	1990	1991	1992	1993
贸易指数（%）	49.57	60.81	61.98	63.48	60.72	58.91	59.84	53.76
年　份	1994	1995	1996	1997	1998	1999	2000	
贸易指数（%）	59.32	67.11	67.56	68.56	69.93	69.42	70.62	

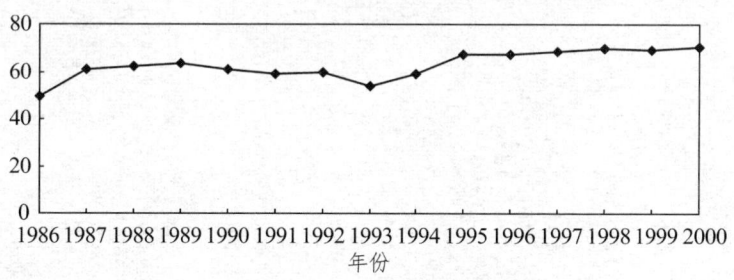

图 4.5 我国产业内贸易变动图（%）[①]

---

① 史智宇. 东亚产业内贸易发展趋势的实证研究——对发展我国与东亚产业内贸易的政策思考[J]. 财经研究，2003（9）：77.

表 4.3 和图 4.5 表现出了一个无可否认的上升趋势，我国对东亚各国（地区）产业内贸易比重在 1986—2000 年整体上是在不断增加的。大量的统计资料表明，产业内贸易与一国的经济发展相联系。事实上，在一般情况下，一个国家经济发展水平越高，该国产业结构中制造业比重越大，而制造业的产业内贸易比率高于原材料、初级产品产业，所以产业内贸易比率也就会越高。经过 30 多年的改革开放，我国经济一直保持一个较快的发展速度，已经发展成为世界第一大经济体，产业结构也进一步优化；三大产业中，第二产业比重持续增加，制造业比重逐步提高，在这里我们可以合理的预期我国产业内贸易将会进一步扩大，产业内贸易增长将是一个长期的趋势。

---

① 史智宇. 东亚产业内贸易发展趋势的实证研究——对发展我国与东亚产业内贸易的政策思考[J]. 财经研究，2003（9）：77.

第 2 篇

实证篇

第2篇

交通篇

5 中韩汽车产业内贸易实证分析

自1956年我国生产第一辆汽车以来,经过半个多世纪的发展我国汽车产业取得了长足的进步。2010年我国汽车年销量更是突破了1 800辆大关,跃居全球销量第一。我国汽车产量的增长以及对外贸易额的增加,在汽车发展史上都堪称奇迹,汽车产业也逐渐成为拉动我国经济增长的重要因素。韩国汽车产业兴起于20世纪50、60年代,现如今已发展成为世界第五大汽车制造国、第六大汽车出口国,在世界汽车业中占有重要的一席之地。

20世纪90年代以后,世界经济全球化进程显著加快。中韩两国自1992年建交以来,在短短的20多年里两国贸易额不断上升。2014年中韩贸易在韩国外贸总额中所占比重中达到21.29%,在韩国外贸总额中占有相当大的比重。韩国是我国主要汽车进口国之一,2014年在对华出口方面,汽车贸易额占总数的14.3%,位居第三,汽车零部件位列第七。中国汽车出口中80%是商用车,出口对象多为发展中国家,在对韩汽车出口处于一个较低的水平。可见,我国与韩国两国间汽车产业内贸易仍极具发展潜力。

本章在第一篇理论分析的基础上,通过收集整理现有资料及贸易数据,以联合国商品贸易数据库HS编码第87章(车辆及其零件、附件,但铁道及电车道车辆除外)5种汽车产品贸易为范围,进一步分析我国在中韩汽车产业内贸易中的现状,探讨中韩汽车产业内贸易的影响因素,并提出促进我国汽车产业发展和中韩汽车产业内贸易发展的政策建议。

5.1 中韩汽车产业内贸易发展现状

5.1.1 中国汽车产品进出口贸易发展现状

中国从 1956 开始生产第一辆汽车起,历经半个多世纪的发展,如今已经发展成为汽车工业生产大国。2001 年中国加入世贸组织以来直至 2011 年,中国汽车工业更是进入了一个黄金十年的发展期,2009 年我国汽车产销量突破千万辆大关;2010 年产销均突破 1 800 万辆,稳居全球第一;2011 年汽车销售超过 1 850 万辆,再次刷新全球纪录。在产销量稳步增长的同时,中国汽车进出口贸易也在迅速发展。2013 年我国汽车整车及零部件进出口贸易总额累计达 1 584 亿美元,同比累计增长 4%。但 2009 年开始我国汽车进口额高于出口额,此后连续 3 年一直处于贸易逆差的状态,如图 5.1 所示。

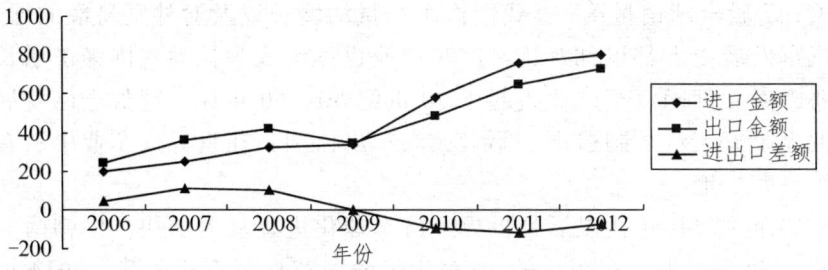

图 5.1 2006—2012 年我国汽车产品进出口走势图(单位:亿美元)
注:原始数据来源于 auto.gasgoo.com。

根据有关统计数据,在汽车进口方面,日本、德国和韩国一直是我国汽车的三大主要进口国,进口的车型以轿车、运动型多用途汽车(SUV)为主。而在出口方面,除了在 2009 年受金融危机和人民币升值的影响出现小幅缩减,其余年份汽车出口额均呈逐年递增态势。综合近几年我国汽车进出口情况来看,我国主要对发达国家出口汽车零配件,对不发达国家出口整车。更具体而言,中国主要从欧美日韩等发达国家进口整车,但由于国产的乘用车在国际市场竞争力低,因此在上述国家几乎没有太大的市场,但对发达国家出口的汽车零配件所占份额远超对不发达国家出口整车的份额。探究连续几年我国汽车贸易逆差的原因,可以概括为如下几点：第一，汽车出口量上升，但出口的汽车多数为廉价车；第二，国内消费者较为青睐进口车，且我国具有巨大的汽车消费市场，造成进口额巨大；第三，汇率的影响使得汽车企业出口利润降低。

5.1.2 韩国汽车产品进出口贸易发展现状

虽然韩国的汽车制造时期仅有短短的 50 多年，但如今已发展成为世界第五大汽车制造国和第六大汽车出口国，汽车产业越来越成为韩国的重要支柱产业。韩国的汽车产品以出口为主，对进口需求并不高（具体如图 5.2 所示）。在汽车出口方面，2005 年韩国汽车出口额达到近 400 亿美元，这个数字在两年后的 2007 年飙升为 500 亿美元，同比增长 25%；2013 年韩国汽车出口数量出现降低，这是 2009 年以来首次出现出口数量减少，但是得益于高级乘用车和大型乘用车出口比重的增加，整体出口利润同比增长了 3.1%，达到 487 亿美元。在汽车出口地区方面，中国占据韩国汽车出口的 13.2%，也成为韩国汽车主要出口国之一。此外美国占据了市场份额的 7.9%，欧盟为 2.8%。中国内陆西部地区城市化发展迅速，对韩国进口汽车的需求增加。美国原本对进口汽车的需求就很大，在东欧，由于韩国工厂在当地产量的增加，使得韩国出口东欧的汽车同比减少 22%；同样原因，南美洲的汽车出口数量也同比减少 11.8%。在汽车进口方面，2005—2012 年，韩国汽车进口需求一直保持在 50 亿至 90 亿美元，主要进口国为德国、日本和中国。

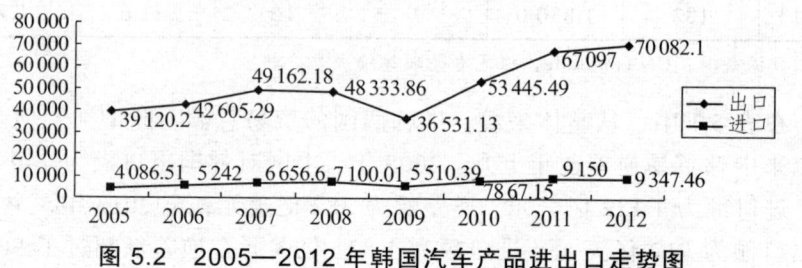

图 5.2　2005—2012 年韩国汽车产品进出口走势图

5.1.3 中韩汽车产业内贸易发展现状比较分析

随着中韩两国进一步加强交流往来，中韩产业内贸易额也得到不断上升。据2014年1月至11月最新统计数据，中国对韩进出口贸易总额达2 642.5亿美元，同比增长了5.6%。同时，中韩贸易在韩国外贸总额所占比重达到了21.29%，占有相当大的比重。韩国2013年全年对我国出口创历史新高，达到了1 458.37亿美元，同比增长了8.6%，从我国进口830.37亿美元，同比增长2.8%。韩国对中国的双边贸易顺差628亿美元，较2012年增加93亿美元。中国主要从韩国进口整车，而对韩出口多以汽车零部件为主。虽然中国对韩国出口的汽车产品占全部产品的比重较低，但从韩国方面来看，从中国进口的汽车产品比例在不断加大，2007年韩国从中国汽车进口比例为11%，2012年这一数字达到了16%。具体情况如表5.1所示。

表5.1 2008—2013年中韩汽车产品进出口额

单位：亿美元

年度	中国从韩国进口			中国对韩国出口		
	汽车产品	全部产品	比重（%）	汽车产品	全部产品	比重（%）
2008	72	1 121.4	6	9.3	739.3	1.2
2009	61	1 024.5	5	8.2	536.7	1.5
2010	160	1 383.3	11	12	687.6	1.7
2011	230	1 627.1	14	15	829.2	1.8
2012	168	1 687.2	9	14	876.7	1.6
2013	182	1 830.0	9	16	911.6	1.7

数据来源：UN comtrade，经笔者整理编绘成表。

在表5.1中，从整体来看，中韩两国的贸易总额不断增加，但2012所以来中韩贸易逆差逐年上升。2008年，中国对韩国出口额为740亿美元，进口额为1 122亿美元，逆差额为382亿美元；至2013年，中国对韩出口额为912亿美元，进口额为1 831亿美元，逆差额超过了900亿美元。导致中国对韩国贸易逆差的根本原因在于两国不同的出口结构，中国对韩国出口的产品多为农产品和纺织产品，附加值较低，而韩国主要向中国出口附加值较高的家电数码产品、汽车产品。短时期内这一贸易逆差难以逆转，且有继续扩大的趋势。

5.1.4 小　结

本节主要说明了中韩两国的汽车贸易、汽车产业内贸易发展水平及两国的汽车产业内贸易现状，选取了一定的数据作为说明，但只停留在直观的数据分析上，下一节将对中韩两国汽车产业内贸易进行深入研究，运用格鲁贝尔-劳埃德产业内贸易指数（G-L 指数）对中韩汽车产业内贸易进行实证分析，进一步挖掘中韩汽车产业内贸易存在的问题。

5.2　中韩汽车产业内贸易指数测算和分析

本节所研究的汽车行业及产品范围，是根据《国际贸易标准分类》中商品第 7 大类第 8 章的公路车辆类（road vehicles）这一项中的前三组（SITC781-SITC783）共五目为依据界定范围，对应的 HS 四位数编码为8701-8705，本节所论述的汽车产品不包含汽车零配件产品，种类的繁杂加大测算的难度，也不利于说明单纯汽车产品的产业内贸易，因此我们所提及的只是一般的汽车产品，具体说明如表 5.2 所示。

表 5.2　HS 编码 8701-8705 产品说明

（HS1996-87）	vehicles other than railway, tramway
8701	牵引车、拖拉机（品目 8709 的牵引车除外）
8702	客运机动车辆，≥10 座（包括驾驶室）
8703	主要用于载人的机动车辆（品目 8702 的货品除外），包括旅行小型客车及赛车
8704	货运机动车辆
8705	特殊用途的机动车辆（如抢修车、起重车、救火车、混凝土搅拌车、道路清洁车、喷洒车、流动工场车及流动放射线检查车），但主要用于载人或运货的车辆除外
8701	牵引车、拖拉机（品目 8709 的牵引车除外）

5.2.1 中韩汽车产业内贸易指数测算

根据表 5.1 提供的数据,结合上文提到的格鲁贝尔与劳埃德产业内贸易计量法,可测算出中国与韩国汽车产品及所有产品的产业内贸易指数,结果如表 5.3 所示。

表 5.3 2008—2013 年中韩所有贸易产品与汽车产品 G-L 指数

年度	2008	2009	2010	2011	2012	2013
所有产品	0.79	0.68	0.66	0.68	0.66	0.66
汽车产品	0.31	0.34	0.11	0.13	0.17	0.16

通过对 HS 四位数编码下 8701-8705 的汽车类型进行 G-L 指数测算,得到结果如表 5.4 所示。

表 5.4 2008—2013 年中韩汽车产业内贸易动态指数

产品	年度					
	2008	2009	2010	2011	2012	2013
8701 牵引车、拖拉机(8709 的牵引车除外)	0.12	0.35	0.71	0.43	0.83	0.31
8702 客运机动车辆,10 座及以上(包括驾驶室)	0.13	0.18	0.13	0.17	0.07	0.03
8703 主要载人的机动车辆(8702 的车辆除外)	0.01	0.01	0	0	0.02	0.01
8704 货运机动车辆	0.31	0.52	0.03	0.32	0.20	0.25
8705 特殊用途的机动车辆	0.56	0.78	0.13	0.11	0.15	0.65

5.2.2 实证结果分析

从表 5.3 中可以发现,中韩两国的总体产业内贸易指数变化不大,大致维持在 0.6~0.8,说明产业内贸易在中韩两国间的货物贸易中所占的比重极大。但汽车产品的产业内贸易指数波动较为明显,2009 年小幅度上涨后，之后的四年内一度跌破 0.1，此后基本维持在 0.1 左右。

表 5.4 则为我们提供了详细的 G-L 指数情况，可以清楚地发现，在专用车类（8701 和 8705）与载货车类（8704）中，G-L 指数波动较大，波动幅度在 0.1~0.8，其中也有几年相对稳定。根据 G-L 指数的基本定义可以知道，中韩两国汽车产品在专用车和载货车类目下存在或接近产业内贸易，这一类目下贸易类型以产业内贸易为主。而在大型载人车（8702）中的 G-L 指数基本上在 0.1 左右波动，在 2013 年达到最低，这说明在这一类目下产业内贸易水平较低。从原始数据来看，连续六年中国向韩国出口的大型载人车数量大于从韩国进口，这说明我国汽车产业在这一块的对韩出口具有较大的优势。但在小型载人车（8703）方面，G-L 指数基本上为 0.01 或 0（为 0 并不代表完全出口或完全进口，而是在测算结果中因 G-L 数值非常小，因此约等于 0），参照原始数据，韩国在这一类目下的进口一贯非常低，而中国对韩出口在这一类目下数量也非常少，因此，这一类目下的贸易类型基本是产业间贸易为主。

造成以上现象原因是多方面的，但主要有以下几个方面的原因：

第一，韩国民族意识非常强烈，民众一般愿意购买本国品牌汽车，造成在小型载人汽车方面韩国的进口量非常低。

第二，我国大型载人汽车发展较好，著名的宇通、金龙客车在对外销售方面都有不错的业绩，而韩国在这一方面较为薄弱，因此在一定程度上依赖进口。

第三，我国具有庞大的汽车消费市场，随着经济的发展和人民生活水平的提高，群众购买力不断增强，因此对韩国进口汽车数量较多。

5.2.3 小　结

本节主要运用 G-L 指数对中韩汽车产业内贸易进行实证分析，发现两国在整体上以产业内贸易为主要贸易形式，但在不同类目下 G-L 指数也不尽相同，因此，在此基础上下一章则为中韩汽车产业内贸易存在的问题提出解决方法，也为促进中韩两国汽车产业内贸易发展提供了决策的实证基础。

5.3 促进中韩汽车产业内贸易发展的对策建议

根据第一篇的理论分析与本章的实证分析,结合目前中韩两国的贸易现状,我们不难发现,我国与韩国不仅在地理位置上一衣带水,在贸易关系上更具有极其密切的关系,即将建立的中日韩自由贸易区为中韩两国贸易带来更多时机遇和挑战。基于这种良好的发展基础,从我国国情出发,对促进中韩汽车产品产业内贸易发展提出几点对策建议。

5.3.1 企业层面相应对策

(1) 增强自主创新能力,提高产品市场竞争力。

在当今全球化经济背景下,企业自身核心技术格外重要。汽车企业应注重发展自身核心技术,增加差异化产品的生产,提高产品技术含量水平,从而有助于产业内贸易的发展。为此,我国首先应加强对人才的培养和引进,加大对技术研究的资金投入。其次,应积极学习外国先进技术,鼓励购买国外汽车和零部件,通过技术模仿和消化吸收,提高我国汽车产品的质量,例如2009年我国民营汽车企业吉利收购澳大利亚自动变速生产商——DSI。最后,加强技术创新,在学习外国先进技术的同时,结合实际自主创新,避免"山寨化"。

(2) 研发新能源汽车,注重研发投入和人才培养。

电动汽车与新能源汽车以及环保材料的应用都是未来汽车发展的新领域。我国汽车产业应注重对这一新领域的投入开发,生产技术含量高并能被国外消费者认可的产品。发展自身核心技术,加强研发投入和人才培养则为上述情况打好基础,有利于提升我国企业对外贸易竞争力,有利于改变目前中韩汽车贸易进口多出口少的现状。

(3) 提高营销服务水平,扩大产品知名度。

这里要求企业注重两个环节:售前营销与售后服务。售前营销要求企业注重对自身品牌效应及产品的营销,提升世界市场对企业自身品牌的认知度和信任度,扩大产品知名度,在消费者心中树立良好形象。售后服务要求企业重视每一位消费者的反馈,及时处理客户问题,同时积极听取客户意见和建议,这对改善汽车产品质量具有极大的实际意义。

5.3.2 政府层面相应对策

(1) 制定相应政策，引导汽车市场发展。

政府应制定适合汽车产业发展的相应政策，为其发展提供一个宽松、良好的环境，例如目前正在进行谈判的中日韩自由贸易区。引导汽车市场向积极良好的方向发展，规范国内市场竞争，制定严格的技术标准，提高监控质检水平，这都有利于提高我国汽车产品国际市场竞争力。同时应给予汽车企业充分的自主决策权，在瞬息万变的国际环境中创造必要的宏观条件。

(2) 积极应对贸易壁垒，化解贸易摩擦。

近年来，贸易保护主义抬头，欧盟、印度、巴西等相继对中国零部件，例如轮胎、齿轮等开展反倾销调查。面对这些情况，我国政府首先应充分发挥监管引导的作用，加强行业自律，减少个别企业不道德行为而对整个汽车行业造成的不良影响。其次，面对国外保护本国汽车市场的政策，我国应充分运用世贸规则进行维护与反击，促进企业在处理纠纷时的合作与信息交流。同时，政府有关部门应积极收集各种世贸组织最新规定及法规文件，为汽车厂商提供交流培训，增强汽车厂商应对贸易壁垒的能力。

(3) 鼓励企业利用金融工具，提高企业国际竞争力。

积极发挥出口信用保险作用，引导企业充分利用出口信用保险积极开拓海外市场，降低企业经营风险。鼓励融资性担保机构为企业向商业银行申请贷款提供担保，简化承包和理赔程序，鼓励商业性保险机构扩大对汽车整车出口的产品责任险承包。加强汽车企业与各类金融机构的合作，搭建汽车产品出口新型融资平台，充分利用进出口买卖方信贷等措施。

5.3.3 产业层面相应对策

(1) 优化汽车产品结构。

现阶段我国汽车整车生产发展较快，但汽车零部件生产水平较低。我国要成为汽车产业强国，应在注重加强整车生产发展的同时，提高汽车零部件的生产水平。在生产过程中注重新技术的开发和应用，使整车生产过程轻量化、环保化。这样可以使我国汽车整体生产能力大大提高，从而促进我国汽车产业产品国际化发展。

（2）完善协会监管，规范行业秩序。

完善行业协会监管的各项规章制度，行业协会要加强对汽车企业的管理和支持，加强企业间交流与培训，减少企业间摩擦，努力使生产分工趋于合理，提高整个行业内部的和谐程度，规范行业内秩序，减少恶性竞争。

6 中国与东盟产业内贸易实证分析

2010年1月1日东盟自由贸易区正式全面启动。自东盟自贸区建成后，中国和东盟的总贸易额占到世界总贸易额的10%以上，迅速成为了发展中国家之间最大的自由贸易区。同时，近年来我国与东盟在彼此产业结构调整的过程中，贸易模式也从传统的产业间贸易逐渐转变为产业内贸易，形成的互补分工新局面，所以对中国—东盟产业内贸易的分析与研究尤为重要。

但是，目前研究文献多以研究欧洲等发达国家为主。由于普遍认为发展中国家的条件不够适宜发展产业内贸易，所以一直缺少对发展中国家的产业内贸易的相关研究，尤其是对近几年发展迅猛的中国与东盟之间的产业内贸易发展的实证分析与研究。要知道，近20年间，东盟自由贸易区区内贸易的增加有近80%是来自产业内贸易，其中矿物燃料、化工产品、贵金属等产品在中国和东盟十国区内贸易的产业内贸易增幅与贡献率很高。无论是为了促进中国与东盟产业内贸易更进一步的一体化发展，还是为了找到其他发展中国家发展产业内贸易的解决方法，研究中国与东盟产业内贸易都有着十分重要的现实意义。本章选定东盟中的新加坡、马来西亚、泰国、菲律宾、印度尼西亚和越南作为研究对象，原因在于以上国家在东盟贸易额中占有主要比重，以2013年为例，这六国的出口额占东盟总出口的90%以上，进口额占东盟总进口的90%以上。从产业内贸易的角度来看,这六个国家与中国的产业内贸易水平比其他东盟国家与中国产业内贸易水平相比更高,因而更具有代表性。

6.1 中国—东盟自由贸易区概况

6.1.1 东盟概况

东盟即东南亚国家联盟(Association of Southeast Asian Nations,ASEAN),于1967年8月正式成立,成员国有新加坡、马来西亚、泰国、越南、印度尼西亚、老挝、菲律宾、柬埔寨、文莱和缅甸共10个国家。它本着平等与合作精神,共同促进十国地区的经济增长、社会进步和文化发展,为建立一个繁荣、和平的东南亚国家共同体奠定了强而有力基础。

6.1.2 中国—东盟自由贸易区概况

中国—东盟自由贸易区(China-Asean Free Trade Area,CAFTA),是中国与东盟十国组建的自由贸易区。它于2010年1月1日正式全面启动。中国—东盟自由贸易区是目前世界人口最多的自贸区,也是发展中国家之间最大的自贸区。自2010年起东盟博览会成了广西省南宁市每年的盛事,这期间中国与东盟十国之间不断进行贸易往来,在经济、文化、社会等各方面相互学习,促进更好发展,这对中国和东盟十国都具有深远意义。

6.2 中国与东盟产业内贸易实证分析

6.2.1 产业内贸易的度量方法

根据第一篇的理论分析可知,对于产业内贸易问题的理论分析研究始于20世纪60年代，在经济一体化和贸易专业化的影响下，许多专业经济研究人物建立了强有力的计量方法，代表人物有沃顿恩（Verdoorn，1960）、米歇里（Michaely，1962）、巴拉萨（1974）、格鲁贝尔和劳埃德（Grubel 和 Lloyd，1975）等。其中格鲁贝尔-劳埃德指标（Grubel-Lloyd Index）是迄今为止最有权威的产业内贸易度量指标，简称G-L指数。特别说明的是，本章主要采用格鲁贝尔-劳埃德度量法，实证分析中国与东盟产业内贸易的特点与总体趋势。

6.2.2 测量主体的分类标准

如上所述，本书测量的分类标准是根据《国际贸易标准分类》（SITC）的产业分类标准，如表6.1所示。

表6.1 国际贸易商品标准分类内容

国际贸易标准分类（SITC）	具体内容
0	食品和活畜
1	饮料和烟草
2	粗材料，不能食用，当燃料
3	矿物燃料，润滑剂和相关材料
4	动物油和植物油，油脂和蜡
5	化学品及有关产品
6	主要以材料分类的制成品
7	机器和运输设备
8	杂项制品
9	未分类的其他商品

6.2.3 测量目标的选取

本章以新加坡、泰国、菲律宾、印度尼西亚、马来西亚和越南为测量目标，对中国与这六国在2005—2011年7年间的产业内贸易水平进行测度。本章选取该六国作为东盟产业内贸易的代表，是因为它们在中国与东盟国家的贸易额中占有很大比重。其次，该六国的经济发展水平与需求水平与中国也较为相似。

6.2.4 G-L 指数计算

根据 G-L 公式计算出 2005—2011 年中国与东盟各大类产业内贸易的 G-L 指数如表 6.2 所示。

表 6.2 中国与东盟各大类产品产业内贸易的 G-L 指数

SITC 编码	2005	2006	2007	2008	2009	2010	2011
SITC0	0.51	0.39	0.36	0.37	0.44	0.43	0.43
SITC1	0.21	0.12	0.08	0.04	0.07	0.03	0.20
SITC2	0.25	0.16	0.18	0.19	0.13	0.13	0.09
SITC3	0.59	0.59	0.56	0.49	0.50	0.74	0.56
SITC4	0.02	0.02	0.01	0.02	0.01	0.03	0.02
SITC（0-4）	0.38	0.38	0.36	0.33	0.34	0.46	0.36
SITC5	0.52	0.50	0.45	0.42	0.47	0.51	0.56
SITC6	0.68	0.70	0.78	0.84	0.72	0.61	0.75
SITC7	0.73	0.76	0.76	0.74	0.67	0.65	0.70
SITC8	0.40	0.44	0.47	0.56	0.63	0.61	0.63
SITC（5-8）	0.65	0.68	0.70	0.70	0.65	0.63	0.69
SITC9	0.01	0.04	0.03	0.04	0.08	0.49	0.59
综合指数	0.53	0.58	0.63	0.59	0.60	0.61	0.68

资料来源：数据根据联合国商品贸易统计数据库（UN Comtrade Database）。

1. 总体趋势分析

从表 6.2 中总体分析中国与东盟产业内贸易的总体发展趋势，从整体数据来看，2005—2011年这七年间中国与东盟的产业内贸易指数大体呈上升趋势，即总体从产业间贸易转型为产业内贸易。中国与东盟产业内贸易的综合指数从2005年的0.53上升到了2011年的0.68，增长率达到了28.3%，产业内贸易所占的份额呈现出增加趋势。尽管某些产业在短期内的产业内贸易指数有所下降，是因为受2008年金融危机的影响所致，但多数产业的指数呈现出上升趋势。这无疑与中国—东盟自贸区的建立和中国—东盟进出口贸易发展逐步密切息息相关。

从SITC分类来看，中国与东盟的产业内贸易形式主要集中在资本密集型产业和劳动密集型产业。工业制成品（SITC5～SITC8）的产业内贸易指数稳步上升，而初级产品（SITC0～SITC4）呈现波动下滑的趋势。2005年至2011年间中国与东盟的产业内贸易指数较高的类型分布在矿物燃料、机械及运输设备、零件仪器等杂项制品、化学制品和按原材料分的制成品这四类。通过计算可得出，（SITC5～SITC8）的平均产业内贸易指数达到了0.69。这与中国—东盟国家本身的发展水平和地域息息相关的。这样的产业结构也为中国—东盟的发展带来了利与弊两方面的影响。

从产业内贸易的结构来看，各类产品的产业内贸易的深度不同。整体来看，工业制成品（SITC5-SITC8）的产业内贸易深度要高于初级产品（SITC0-SITC4）的深度。部分来看，在初级产品中，只有矿物燃料、润滑油及有关原料（煤、石油、天然气及其商品）达到了平均指数约0.59的深度。在工业制成品中，轻纺制品、皮革制品、橡胶制品、木制品、等按原材料分的制成品（SITC6）和机器及运输设备（SITC7）的平均指数都达到了0.7左右。而同样是工业制成品类别的化学制品（SITC5）和杂项制品（SITC8）的平均指数相对较低，平均指数在0.5左右。这说明这两类产业达到了产业内贸易的基本水平并已趋于稳定，而且未来的上升空间较大。中国与东盟各类产业的产业内贸易发展稳步提升，那么中国与东盟各国的双边产业内贸易的横向对比又是怎样的呢？

2. 水平趋势分析

根据G-L公式计算出1992年至2012年中国与东盟六国产业内贸易水平变动的趋势，如表6.3所示。

表 6.3 中国与东盟六国产业内贸易水平变动趋势

时间	东盟国家					
	印度尼西亚	马来西亚	菲律宾	新加坡	泰国	越南
1992—1996 年	0.40	0.46	0.47	0.55	0.56	0.29
1997—2001 年	0.49	0.57	0.52	0.68	0.62	0.22
2002—2007 年	0.56	0.59	0.32	0.74	0.63	0.25
2008—2012 年	0.41	0.44	0.40	0.63	0.53	0.38

资料来源：数据根据联合国商品贸易统计数据库（UN Comtrade Database）。

从表 6.3 可以看出，中国与东盟各国的产业内贸易是不平衡的。在东盟国家中泰国、新加坡、马来西亚、印度尼西亚与中国的产业内贸易水平更高，而研究表明印度尼西亚、泰国、新加坡和越南是中国在东盟的主要贸易伙伴国，其中越南的贸易额所占比重最大，并且越南是广西在东盟中的第一大出口市场和第一大进口来源地。这说明，中国与东盟的贸易密切关系与中国—东盟的产业内贸易发展息息相关，也就是说，中国—东盟贸易发展越紧密，中国与东盟各国的产业内贸易指数就越高。然而，表 6.3 也显示出中国与越南的贸易发展模式并不是以产业内贸易为主，但是产业内贸易指数也呈现逐年上升的趋势。

6.2.5 小 结

经过几十年的努力，在经济增长带动下的产业结构调整，中国与东盟的产业内贸易逐步从基于要素禀赋差异的传统的产业间贸易，逐步走向了基于规模经济和差异产品的产业内贸易，并形成了互补性的分工。这一趋势将不断增加，使中国与东盟的产业内贸易逐步走向一体化，并快速发展。概而言之，我们可以得出如下结论：

第一，中国与东盟之间的双边贸易中以工业制造业为代表的产业内贸易正逐步取代传统的产业间贸易，中国与东盟总体产业内贸易水平呈现逐渐增长趋势。

第二，中国与东盟不同产业类型呈现出不同的发展趋势。

第三，中国与东盟六国的产业内贸易发展水平存在不平衡性。

6.3 中国与东盟产业内贸易发展的因素分析

6.3.1 中国与东盟产业内贸易发展的有利因素

（1）各国人均 GDP 不断提高和消费结构不断优化。

各国人均 GDP 的不断提高和消费结构的不断优化成为中国与东盟产业内贸易发展的带动因素。随着经济全球化的发展，东盟自贸区的建成，中国与东盟的经济迅速发展，人均 GDP 不断上升，各国对初级产品的需求不断下降，对制成品的需求不断增加。同时人均 GDP 与产业内贸易有着不可分割的联系。西方学者 Linder（1961）与 Balassa（1986）的研究表明，人均 GDP 的变化与消费者对产品的需求呈正相关关系，也就是说，人均 GDP 越高，消费者对变动产品的需求就越大。这就推动了产品向发展产业方向变化的现象，从而促进中国与东盟的产业内贸易发展。

（2）规模经济成为中国与东盟产业内贸易发展的基础。

两个国家市场规模越大，贸易后企业的产量会增加，实现了企业内部的规模经济，从而中国与东盟间水平型产业内贸易与垂直型产业内贸易很大。

通过对东盟资本技术密集型产业的资本劳动研究发现，产业内贸易指数偏高的产业是不是存有规模经济。柯雷等利用 C-D 生产函数，即 $\ln Y_i = \alpha \ln K_i + \beta \ln L_i + \varepsilon_i$，衡量了产业的规模经济效益，发现了在中国与东盟的印度尼西亚、菲律宾、马来西亚和泰国的技术密集型产业（机械供电、运输器材等）中，$\alpha + \beta$ 均在 1 左右，且 80% 以上是大于 1 的。这表明在产业中存在着规模经济。而这些产业大多是中国与东盟产业内贸易指数较高、双边贸易总额较大的产业。所以中国与东盟产业内贸易发展的基础是技术密集型行业的规模经济。

（3）海外投资跨国企业是中国与东盟产业内贸易发展的推动因素。

21 世纪以来，中国与东盟已逐步成长并走向成熟，无论是工业发展还是资金储备，甚至本土资源都逐渐受到了跨国公司的青睐，在中国或东盟投资形成的跨国公司不断革新，从单纯地利用密集资源转向以提高效率的分工产业发展。便形成了零部件与产业间进口复出口的加工贸易，并成为了中国与东盟产业内贸易的重要组成部分。

同时，中国与东盟部分国家作为发展中国家，在劳动力上具有一定优势。跨国企业通过把部分生产环节安排到劳动力丰富的国家，来促进双方产业内贸易的发展。此外，外国资本的流入使国内市场竞争愈发激烈，这要求国内厂商要不断革新生产技术，改善生产管理，提高生产效率，如此必定使中国与东盟国家的出口产品的质量有所提高，从而使各国产品变进口为出口，或有进有出，从而促进中国与东盟的产业内贸易发展。

（4）地域优势。

众所周知，地域空间位置越远，运输成本、交易费用就越大，从而双边国家的产业内贸易就越少，这表明地理距离的远近是会影响双边的贸易程度的。在产业内贸易中，特别是垂直型产业内贸易中，消费者在相似价格水平下对同一类产品所产生的偏好不同而拉动的贸易是有原因的。一般地，这种对不同产品偏好的程度取决于价格交叉弹性的程度，而远途运输会导致价格大幅度上升，会使价格交叉弹性系数下降，从而抑制了产业内贸易的发展。我国与东盟国家地理位置相近，民俗文化相似，经济往来密切，为产业内贸易的发展提供了得天独厚的条件。

6.3.2 中国与东盟产业内贸易发展的制约因素

（1）中国与东盟之间的贸易依存度较低，从而抑制了产业内贸易的发展。

中国与东盟虽然在双边投资与合作力度上有了大幅度的提高，但是双方都未将对方视为自己的主要产业市场。中国目前的主要贸易和投资合作伙伴是日本、美国和中国港澳台地区，而东盟的主要投资伙伴也集中在日本、美国、欧盟和"亚洲四小龙"。

从表6.4看出，2013年东盟10国有57.4%（平均）的出口产品是运往工业国家，这说明中国与东盟之间流向对方的投资量小，他们不是彼此的直接投资者，这就让中国与东盟的贸易结构呈现出了竞争性而非互补性，这也直接限制了产业内贸易额度。

（2）封闭落后的产业结构制约了中国与东盟产业内贸易的发展。

首先，我国的产业结构制约了我国与东盟产业内贸易的发展。一直以来，我国的产业发展政策主要是倡导建立类别比较齐全的产业体系，减少劳动和资金投入为主的扩大再生产，却忽视了产业技术的革新与国

表6.4 2013年东盟各国对美国、日本、中国和新加坡的出口额

单位：亿美元

出口对象国	东盟国家									
	新加坡	马来西亚	泰国	菲律宾	印度尼西亚	文莱	越南	老挝	柬埔寨	缅甸
美国	239.46	184.42	230.16	78.31	157.42	9.08	238.68	—	217.30	—
日本	176.22	251.14	222.34	114.22	270.09	455.32	135.43	—	33.43	—
中国	483.95	307.74	272.37	65.81	226.02	15.61	131.78	—	28.06	—
新加坡	/	317.77	112.35	40.13	166.85	50.12	26.92	—	79.34	—

资料来源：数据根据联合国商品贸易统计数据库（UN Comtrade Database）。

际分工环节，这些方面都抑制了我国的产业结构与东盟的产业结构接轨的机会。对外贸易仅仅被当作调节余缺的手段，这与以技术投入与国际水平分工深化为基础的产业内贸易的要求不相符。

其次，产业组织结构的不合理也制约了我国与东盟产业内贸易的发展。我国的商业管理体制与组织方式导致我国产业部门专业集中度低，同类企业重复投资却没有良好的技术，而且工业结构相似度极高。这种偏垄断企业过多和专业水平不强必然会导致我国企业不能实现良好的规模经济。而产业内贸易赖以生存的发展基础就是规模经济，这就意味着不合理的产业组织结构必然制约产业内贸易。

（3）基础设施不平衡阻碍了中国与东盟产业内贸易的发展。

由于区域内发展不平衡的因素，中国与东盟国家的基础设施建设也存在着不平衡的现象。中国沿海地区、港澳台地区以及新加坡等发达的国家基础设施较完善；而东盟的一些欠发达国家如柬埔寨等，基础设施较薄弱，交通设施不发达，通信网络不普遍。这直接导致了外商资本投资的成本的提升，进而影响了双边贸易的往来和开发。

（4）金融制度不完善不能很好地推动中国与东盟产业内贸易的发展。

中国与东盟在招商引资的部分存在着激烈的竞争，以致片面追求资金的流入而忽视了资金的流出。双方的跨区域金融结算渠道不够流畅，因为没有外汇结算中心，大多数东盟与中国的货币结算都只能通过美元、欧元、港币进行结算，这种结算方式降低了金融流通的速度，也使金融服务的效率有所下降。这说明了中国与东盟的跨国金融项目不够发达，金融合作层

面不够深入，金融的监管制度不够严谨。中国—东盟自由贸易区的成立，应该是金融制度改革与发展的领头羊与催化剂。一个健全而合理的金融运营机制，才能使中国与东盟产业内贸易的发展稳步进行。

6.4 促进中国与东盟产业内贸易发展的建议

6.4.1 充分发挥政府宏观调控作用

（1）改革我国产业结构。

为了优化我国的产业结构与产业组织结构，政府应该促使提高我国的产业政策改革、监督我国产业结构的运行效果，并努力在国际市场争取到战略的主动权与发展机会。政府可以扶持主导产业部门，并促使主导产业部门带动其他部门的发展，并对没有竞争力的同类企业进行整合、并购或者淘汰。中国与东盟不仅要吸收发达国家垂直一体化的跨国投资来获取资本与技术，更要注重学习发达国家的产业升级经验，从而促进欠发达国家的产业结构升级，也促使经济较发达的国家发展高新技术产业。

（2）加大我国制造业发展的比重。

为了迎合东盟与我国的产业发展共同目标，我国可以将不擅长或没有优势的产业转移到发展前景好的其他产业当中去，比如加大制造业在我国国民经济的比重、重点发展资本密集型产业和技术密集型产业等。

（3）提高我国的科技技术水平。

我们常常提到"科技是第一生产力"，政府要加强我国与发达国家之间的高新技术的学习与引进，通过与发达国家间的国际合作，掌握专业先进的技术，提高我国的生产力水平，革新我国产业的技术，培养一批专业的对口人才。

（4）规范政府行为。

政府应该不断开放市场、不断加强法制观念，提高监管措施，打击行政性垄断，使产业内贸易的市场秩序得到充分的稳定与发挥，给予产业内贸易合格良好的市场环境与市场结构。

（5）大力促进东盟自贸区的发展。

众所周知，从长远来看，自由贸易是有利于经济的发展的。但是从中短期来看，尤其对于一些原本对外贸易发展程度不高的发展中国家来说，加入自贸区需要承受一定的代价。因为关税的减免、一些贸易壁垒的消除很容易引起某国产业结构的变化,使资源在不同产业间重新配置,这会产生一些新问题。比如那些原来有竞争力的产业会更加强大,优胜劣汰,一些产业可能会因缺乏竞争力而逐渐消失。这必然导致一些产业的部分资本滞留不止,也将增加该产业劳动力的失业率,在一定程度上制约了一些国家推行自贸区计划。但是,产业内贸易并不是产业间生产要素的流动,而是在同一产业内流动,它的资本跟劳动力更容易适应崭新的环境和变化。所以,产业内贸易可以降低自贸区推行后各国产业间因资源配置而产生的一系列问题的程度,这无疑需要政府部门的大力倡导与政策配合。

6.4.2 企业应重视创造产品差异化

（1）重视产品差异性。

产品差异不仅体现在质量与技术的垂直差异上,更重要的是体现在产品的营销渠道和售后服务等方面的受评差异上。这些差异性将会对产品出口的附加值有所优势。目前,我国有许多产品的质量与技术都已经超过了东盟国家,但是由于没有打出民族品牌,没有良好的销售渠道与售后服务,我们的产品并不能在市场站稳脚步。一个产业、一个企业没有一个完整统一的机制与企业文化,生产的产品就像没有生命的空壳,这将直接影响我国产业内贸易的发展。

（2）资源互补,促进共同发展。

利用政府的现行政策和优势互补,加大企业与东盟外商的资源合作力度。比如广西资源短缺,需要大量的原材料,而东盟各国以生产原材料闻名,广西的企业就可以取长补短,从东盟进口原材料产品。

（3）重视开发东盟国家市场,实施多元化战略。

企业应该重视东盟欠发达国家的市场前景,如菲律宾的金属矿产的开采和冶炼等劳动密集型产业也有可取之处;老挝的原木市场得到了老挝政府的支持,也是十分具有前景的。无论是有色金属、石化、汽车、机械还是食品,东盟各国都有可圈可点之处,发展前景良好。

7 中美高技术产业内贸易实证分析

20世纪80年代以来,高技术产业的发展成为了世界各国经济增长的重要源泉,高技术产业的发展状况也成为一个国家综合国力和整体竞争力的重要标志。近年来,学术界日益加强了产业内贸易对高技术产业影响的研究,各国政府在政策上支持并且大力投资以促进高技术产业的创新发展。因此,加强对产业内贸易对高技术产业影响的研究,揭示其现状与存在的问题,对于高技术产业的发展和增强高技术产业在经济增长和结构优化升级中的作用具有重要的理论研究价值和实践指导意义。

在经济全球化的大背景下,中美两国在复杂世界格局中的地位是不可忽视的。近年来,中美两国在政治、经济和文化方面都有着密切的往来和沟通,尤其在高科技方面,中国作为世界上最大的发展中国家一直和美国这一科技强国有着紧密的贸易往来,而科技也是国与国之间综合竞争力中的关键性的一笔。美国是世界第一强国,在高技术行业有着强大的实力,中国同美国之间的高技术产业内贸易指数直接反映中国的高技术发展水平以及自主创新水平。随着中国综合国力的加强以及科技强国战略的实施,近年来中国陆陆续续制定了一系列鼓励高技术产业发展的贸易政策和产业政策,这些政策极大地推动了我国高技术产品的国际贸易的发展,使中国对美国在高技术出口方面逐渐形成贸易顺差。那么这是不是就代表着中美的高技术产业贸易已经达到比较高的水平了?或者说中国的高技术竞争力已经与美国相匹敌甚至超过美国呢？

产业内贸易水平不仅可以反映出一国在国际分工中的地位和角色，同时也反映出该国比较优势的动态发展趋势。相对于产业间贸易，产业内贸易更有利于参与国的利益最大化，更符合当今世界的经济发展趋势。在产业内贸易模式中，水平型的产业内贸易是同等质量和价格产品的双向贸易，而垂直型的产业内贸易是非同等质量和价格的产品双向贸易。在国际贸易发展中，随着经济的发展和国力的增强，争取形成水平型产业内贸易模式是各国追求的目标，它比垂直型产业内贸易模式更有利于国家未来的发展。在这种情况下，本章就中美高科技产品之间的贸易模式是否已经从产业间贸易发展到产业内贸易模式、中美高技术是水平型的产业内贸易模式还是垂直型的产业内贸易模式这两个问题展开研究，以期通过对收集到的近几年中美高技术产业贸易数据的分析，找到上述问题的答案。

7.1 理论基础相关概述

7.1.1 高技术产业的内涵

高技术产业是一个发展的概念，指用当代尖端技术所生产的高技术产品的产业群，是一个研究开发投入成本高、研究开发人员比重大的产业。1971年，美国国家科学院在《技术和国家贸易》中首先提出高技术（high-tech）的概念，英国政府在撒切尔执政期间把高技术列为国家的发展纲要，1982年8月日本新闻周刊和商业周刊相继发表了《日本的高技术》和《高技术专集》的文章。近年来高技术产业发展十分迅速，且其对其他产业的渗透能力很强。而对于高新技术产业的定义，美国学者A. Nloisog认为，高新技术产业属于研究和开发高技术的密集型产业。美国商务部借鉴其研究成果提出对高新技术产业的界定主要根据两项内容：一是从业的专业技术人员，二是研究与开发（R&D）占销售额的比重。

目前学术界对于高新技术产业的界定也存在不同的看法，我国也还没有关于高新技术产业的明确定义和界定标准，通常是按照产业的技术密集程度和复杂程度作为衡量高新技术产业的标准。高新技术产业通常是指那些以高新技术为基础，从事一种或多种高新技术及其产品的研究、开发、生产和技术服务的企业集合，这种产业所拥有的关键技术往往开发难度很大，但一旦开发成功，则具有高于一般产业的经济效益和社会效益。根据2002年7月国家统计局印发的《高技术产业统计分类目录的通知》，我国高技术产业的统计范围包括航天航空器制造业、电子及通信设备制造业、电子计算机及办公设备制造业、医药制造业和医疗设备及仪器仪表制造业等五个行业。高技术产业是研究开发投入高，研究开发活动人员比重大的产业。本章将采取国际上普遍接受的指标即美国统计局确定的高科技产品目录，按此目录高技术产品可分为10类：生物技术、生命科学技术、光电技术、信息通讯技术、电子技术、集成制造技术、高新材料技术、航空航天技术、武器技术和核技术。而在这10类产品中，光电子、信息通讯和航空航天为中美之间的主要贸易往来品。

7.1.2 高技术产业的特征

高技术产业的主要特征有：知识技术密集，科技人员比重大，职工文化水平、技术水平高；资源、能量消耗较少，产品多样化、软件化，批量小，更新换代很快，附加值很高；研究开发的投资成本比较大；工业增长率高。高技术产业的创新性、战略性和污染少等优势，对一个国家社会和经济的发展具有极其重要的意义。在这种产业里，人的创造力思维被认为是生产者参与竞争的根本要素。很多生产商在创造与发展新思路、技术创新和发挥人的能力上投入巨资，这些也体现出对这一概念的印证。大力发展高技术产业，可以大幅提高我国的劳动生产率，减少环境资源消耗，利用高技术产业改造传统产业和基础产业，可以快速地提升和优化我国的产业结构，推进经济的协调稳定高速发展。同时也可以提高我国企业的竞争力，增强综合国力。高技术产业与传统产业相比，概括而言，其发展有以下几个特点：

第一，高技术产业的发展在于各种资源的快速流动和结合。

第二，高技术产业发展的关键要素是智力资源而不是固定资产。

第三，高技术产业的竞争力在于技术创新。

第四，高技术产业发展的生态环境是产业集群，即高技术产业在地理上、空间上相互邻近,有利于知识、技术外溢,从而提高高技术产业的技术创新水平。

7.2 中美高技术产业内贸易实证分析

7.2.1 中美高技术产业内贸易发展概况

据有关方面提供的初步统计资料,在 1993 年世界贸易额排行中,中国继续保持第 11 位,在世界贸易额中所占的比重为 2.6%,比上年提高了 0.4 个百分点。第 1 位仍然是美国,全年贸易额突破 1 万亿美元,占世界贸易总额的 14.2%,第 2 位至 5 位分别是德国、日本、法国、英国。从数据中可以看出,美国作为世界第一大国,全年贸易额遥遥领先,不论在任何领域,都有着不可撼动的地位。而中国,随着近十几年来的经济发展和对外开放的实施,也在国际上有着日趋稳定的进出口额,其中,高技术的贸易额在逐年增加,比重也越来越大。

经有关数据显示(见表 7.1),2003—2013 年中国对外高新技术产品出口基本上是呈逐年增加的趋势的,增长速度也较为稳定。由此可以得出,中国对高技术产品的出口越来越重视,对高技术产品的研发投入和推广也都在提高。

表 7.1 2002—2005 年中美高技术产品(ATP)贸易情况

单位:亿美元

项 目	年度			
	2002	2003	2004	2005
美国对中国 ATP 出口额	82.9	82.9	94	123.2
美国对中国 ATP 进口额	201	293.5	456.9	592.5
中美 ATP 贸易差额	-118.1	-210.6	-362.9	-469.3
中美 ATP 贸易进出口总额	283.9	376.4	550.9	715.7
中美贸易总额	971.8	1 263.3	1 696.3	2 116.3

资料来源:U. S. Census Bureau。

随着中国在科技方面的大力投入，中国的高技术商品输出增加，中美之间的高技术贸易往来也越发频繁，如表 7.1 所示，2002—2005 年，中美高技术产品的贸易量有显著变化，美国作为世界第一科技大国，对中国的高技术产品（APT）出口依旧保持逐年增加的趋势，四年共增加了 40.3 亿美元，而中国向美国的出口额也大幅度增加，四年增加了 391.5 亿美元，从两国进出口总额来看，也是逐年增加，四年间翻了两番。中美这两个大国在高新领域的贸易往来直接影响世界经济科技，因此，值得我们加以细致地研究和探索。

7.2.2 中美高技术产业内贸易实证分析

1. 实证分析方法

本章将通过静态分析和动态分析两种分析方式来对 2002—2012 年的中美高技术产业内贸易情况进行研究。静态测度方法是对一个国家在某一个特定时期的产业贸易类型的测度，能够反映一定时期的贸易情况，但缺点是无法反映动态贸易模式，因此要想准确地研究两个国家的产业内贸易的模式还需要进行动态测度。

静态分析主要通过 G-L 指数来进行测度。G-L 指数是研究产业内贸易比较普遍和具有权威性的测度方法，它能考虑到贸易失衡的影响，更能充分地反映出两国之间贸易的实际水平。其公式为：

$$(G-L)_i = 1 - \frac{|X_i - M_i|}{X_i + M_i} \tag{7.1}$$

式中，$(G-L)_i$ 表示产业的产业内贸易水平；X_i 和 M_i 分别表示出口和进口。该指数在区间[0，0.25），[0.25，0.5），[0.5，0.75），[0.75，1）内的产业内贸易水平分别是低、较低、较高、高。该指数的临界值为 0.5，如果 $(G-L)_i$ 小于 0.5，两国之间的贸易模式以产业间贸易为主；如果 $(G-L)_i$ 大于 0.5，两国之间的贸易模式以产业内贸易为主。

动态分析主要通过 Bruelhart（1994）提出了边际产业内贸易指数，该指数是用来测度一个产业的产业内贸易程度的指数，它是将 G-L 指数动态化，其公式为：

$$BL_i = 1 - \frac{|\Delta X_i - \Delta M_i|}{|\Delta X_i| + |\Delta M_i|} \quad (7.2)$$

式中，当 BL_i 越接近 0，产业间贸易增加在其贸易增量中的比重越大；BL_i 越接近 1，产业内贸易增量所占比重越大。Thom 和 McDowell 在其基础上将产业贸易分为产业间贸易（IT）、水平型产业内贸易（HIIT）和垂直型产业内贸易（VIIT），它们对总贸易增量的贡献关系为：

$$IT_i = 1 - MIIT_i \quad (7.3)$$
$$VIIT_i = MIIT_i - HIIT_i \quad (7.4)$$

式中，若边际总产业内贸易总数 $MIIT_i$ 大于 0.5，其贸易增量以边际产业内贸易增加为主；反之，以产业间贸易增加为主。如果 $HIIT_i > VIIT_i$，其贸易增量以水平型边际产业内贸易增加为主；反之，以垂直型边际产业内贸易增加为主。

2. 静态分析

根据 2002—2012 年中美十类高技术贸易的数据，用 G-L 指数分析，结果如表 7.2 所示。

表 7.2　2002—2012 年中美十类高技术贸易的 G-L 指数

高技术产品组	年度 G-L 指数										
	2002	2003	2004	2005	2006	2007	2008	2009	2010	2011	2012
生物技术	0.91	0.93	0.83	0.85	0.83	0.86	0.76	0.54	0.52	0.38	0.38
生命科学技术	0.97	0.85	0.89	0.63	0.79	0.82	0.86	0.88	0.87	0.86	0.84
光电技术	0.11	0.14	0.20	0.13	0.11	0.11	0.08	0.06	0.12	0.08	0.09
信息通信技术	0.20	0.14	0.10	0.10	0.09	0.08	0.09	0.09	0.08	0.06	0.06
电子技术	0.65	0.53	0.64	0.71	0.56	0.53	0.47	0.49	0.60	0.81	0.87
集成制造技术	0.35	0.49	0.35	0.62	0.54	0.54	0.68	0.74	0.45	0.53	0.60
高新材料技术	0.82	0.70	0.65	0.62	1.00	0.68	0.69	0.61	0.87	0.90	0.84
航空航天技术	0.06	0.10	0.16	0.07	0.08	0.09	0.14	0.14	0.16	0.18	0.15
武器技术	0.99	0.89	0.91	0.03	0.02	0.03	0.03	0.02	0.01	0.02	0.01
核技术	0.15	0.14	0.22	0.26	0.50	0.25	0.16	0.06	0.05	0.40	0.88

数据来源：U. S. Census Bureau。

从表 7.2 中可以看出，整体上，2002—2012 年这 10 年间中美高技术贸易 G-L 指数趋于下降，即总体正从产业内贸易向产业间贸易转变。而按照产业内贸易的正常周期，随着经济的发展、高技术的研发和贸易往来的加深，两国之间的产业发展差异应该日趋缩小，两国之间的产业贸易模式应该从产业间贸易转向产业内贸易，这说明中美从整体上看未有此转变。

从各类高技术产品来看，其贸易模式是存在明显差异的。纵向分析，如从 2012 年数据可以看出，生命科学技术、电子技术、集成制造技术、高新材料技术和核技术的 G-L 指数都超过 0.5，其贸易模式都已发展成高水平的产业内贸易。而生物技术、光电技术、信息通信技术、航空航天技术和武器技术的 G-L 指数均低于 0.5，甚至只有 0.01，这说明它们的贸易模式仍是以产业间贸易模式为主，同时也是低水平的产业内贸易模式。横向分析，生物技术和武器技术 2002 年 G-L 指数分别为 0.91 和 0.99，均属于高水平产业内贸易模式，但从 2005 年开始，两者均出现明显降低趋势，至 2012 年，G-L 指数分别为 0.38 和 0.01，即由以产业内贸易为主转变成以产业间贸易为主。生命科学技术和高新材料技术 10 年间基本稳定，G-L 指数均远高于 0.5，高新材料技术甚至于 2006 年达到 1，它们均属于高水平的产业内贸易模式。电子技术也基本稳定，并且在 2010—2012 年有明显增加，也是偏向高水平的产业内贸易模式。中美的集成制造技术和核技术分别在 2005 年和 2012 年指数超过 0.5，转变成产业内贸易。而在中美高技术贸易中占主体的光电技术、信息通信技术和航空航天技术中，G-L 指数始终趋于 0.01，它们仍以产业间贸易为主。所以，虽然中美高技术部分领域已发展到高水平产业内贸易模式，但中美总体仍是以产业间贸易模式为主。

3. 动态分析

根据 2002—2012 年中美十类高技术贸易的数据，采用上文的 Bruelhart 指数测度方法，所得结果如表 7.3 所示。

表 7.3　2002—2012 年中美十类高技术贸易的 Bruelhart 指数

高技术产品组	时间										
	2002—2003	2003—2004	2004—2005	2005—2006	2006—2007	2007—2008	2008—2009	2009—2010	2010—2011	2011—2012	2002—2012
生物技术	0.98	0.49	0.87	0.73	0.05	0.44	0.00	0.46	0.00	0.38	0.33
生命科学技术	0.40	0.85	0.00	0.50	0.94	0.99	1.00	0.79	0.86	0.74	0.82
光电技术	0.03	0.34	0.03	0.08	0.08	0.00	0.75	0.40	0.00	0.00	0.08
信息通信技术	0.01	0.03	0.08	0.08	0.03	0.22	0.13	0.04	0.00	0.02	0.04
电子技术	0.22	0.99	0.92	0.29	0.18	0.00	0.41	0.94	0.00	0.32	0.99
集成制造技术	0.00	0.21	0.00	0.39	0.56	0.00	0.50	0.24	0.00	0.00	0.69
高新材料技术	0.52	0.5	0.83	0.62	0.08	0.72	0.89	0.00	0.57	0.60	0.78
航空航天技术	0.00	0.00	0.00	0.10	0.15	0.00	0.27	0.35	0.32	0.07	0.22
武器技术	0.61	0.80	0.00	0.01	0.00	0.00	0.00	0.00	0.43	0.00	0.00
核技术	0.00	0.00	0.00	0.00	0.00	0.05	0.00	0.00	0.23	0.00	0.00

数据来源：U. S. Census Bureau。

从表 7.3 可以得出，在 Bruelhart 动态测试下，中美的核技术、信息通信技术和航空航天技术十年变化指数均低于 0.5，这说明它们的产业贸易主要以产业间贸易或低水平的产业内贸易为主。中美生物技术、光电技术、集成制造技术和武器技术，在绝大部分的年份间都出现了指数为 0 的情况，也属于产业间贸易。而对于生命科学技术和高新材料技术指数偏高，属于较高水平的产业内贸易。电子技术波动频繁，2002—2012 年的整体指数达到 0.99，也属于产业内贸易模式。

如果仅从 2002—2012 年的贸易指数总体变化的数据来看,生命科学技术、电子技术、集成制造技术和高新材料技术指数分别为 0.82、0.99、0.69 和 0.78,为高水平的产业内贸易,而中美高技术贸易中占主体的光电技术、信息通信技术、航空航天技术等其他六项均偏低,以产业间贸易为主。所以总体来看,与 G-L 指数测度结果一致,中美高技术贸易仍以产业间贸易和垂直型即低水平产业内贸易为主。

表 7.4 2002—2012 年中美高技术边际产业内贸易指数

年份	边际总产业内贸易指数(MIIT)	边际水平型产业内贸易指数(HIIT)	边际垂直型产业内贸易指数(VIIT)
2002—2003	0.28	0.04	0.24
2003—2004	0.17	0.11	0.07
2004—2005	0.41	0.11	0.3
2005—2006	0.57	0.13	0.43
2006—2007	0.31	0.08	0.22
2007—2008	0.3	0.17	0.13
2008—2009	0.98	0.5	0.48
2009—2010	0.28	0.16	0.13
2010—2011	0.12	0.05	0.07
2011—2012	0.45	0.07	0.38
2002—2012	0.21	0.11	0.09

数据来源:U. S. Census Bureau。

表 7.4 是由 Thom & McDowell 指数对中美高技术产业模式的进一步测度得出的数据结论,它主要将产业内贸易分为水平型和垂直型,通过数据计算,能够更加准确地判断出中美近几年来高技术贸易的性质和模式。从表 7.4 中可以看出,边际总产业内贸易指数(MIIT)大于 0.5 的年份只有 2005—2006 年和 2008—2009 年,其他均低于 0.5,这说明中美高技术产业贸易近十年来,仍以产业间贸易为主。从水平型和垂直型

指数来看，更多年份中，边际垂直型产业内贸易指数（VIIT）要大于边际水平型产业内贸易指数（HIIT），这说明中美高技术产业贸易总体来说偏向于垂直型产业内贸易。

7.2.3 实证结果分析

生物技术、武器技术和核技术的 G-L 指数和 Bruelhart 指数都偏低，且有波动，它们是有受到转口贸易和生产转移的影响，也就是说中国受到美国对华的出口管制，导致在这几个高技术产品领域中美国对中国出口比例在不断下滑，中国对美国出口出现顺差，这显然不能说明中国的高技术出口实力已经超越美国。

从占主体地位的光电技术、信息通信技术和航空航天技术等方面我们也可以看出，G-L 指数和 Bruelhart 指数都比较低，这充分说明中国在这几个领域的知识创新和产权意识不够，发展缓慢，研发力度不强，缺乏后劲，从而使中美高技术产品产业内贸易总体真实水平不高，属于垂直国际分工。

在表 7.2、表 7.3 中，也有一些产品的的产业内贸易指数并不低，比如说生命科学技术、电子技术、集成制造技术和高新材料技术的指数都比较高，它们已经基本形成了产业内贸易模式。应该将这种差异化建设的优势继续保持。

综上十类高技术产业的 G-L 指数和 Bruelhart 指数分析，我们可以得出，虽然中国对美国的高技术出口量近年来明显提高，但仍然存在很多问题，中美高技术产业内贸易结构总体来说仍以产业间贸易和垂直型产业内贸易为主。

7.3 促进我国高技术产业内贸易发展的对策

7.3.1 减少美国对中国的出口管制

美国是世界第一科技大国，其始终将国家的利益放在国家建设的首要位置，而对于高技术的保护自然也是十分看重的。在与其他国家尤其是发展中国家进行高技术往来的过程中，美国实行严格的出口管制，使得美国对中国的高技术出口量出现逆差。但随着2001年中国加入世界贸易组织，美国政府对中国的高技术出口的管制有所放松。例如从表7.2和表7.3中可以看出，美国对中国的生物技术、武器技术和核技术贸易出口并不总是被管制的，生物技术基本上一直处于产业内贸易水平，虽然后期指数有所降低，但也接近0.5的数值，而从核技术的G-L指数来看，近几年产业内贸易提升速度很快。由此说明美国在这几个高技术领域是愿意与中国发展进出口的，中国可以就这几个领域与美国进行出口方面协商，使美国减少对中国的出口限制，加强合作，这样给中美两国的高技术产业都能带来更多的利益。

7.3.2 加强技术创新和提高知识产权意识

通过分析中美两国高技术往来情况可知，中美高技术产业贸易中占主体地位的部分主要集中在信息通信技术和光电技术。而从上面的数据分析中可以看出，在这两个领域，中美两国表现为产业间贸易模式且属于垂直型分工。因此，想要改善中美贸易模式，需要加强这两个主体领域的创新能力和知识产权认证，国家也应该加强对它们的扶植力度，加大研发投入，由中国制造过渡中国创造；同时扩大内需，增加国内居民对这两类高技术的消费能力，这样才能从根本上扭转这两个领域的贸易关系现状，才能从产业间贸易模式转变为产业内贸易模式。

同样要加强创新能力的是航空航天技术领域，从G-L指数和Bruelhart指数来看，中美航空航天技术一直处于产业间贸易模式状态。由于航空航天技术的竞争力直接关系到一个国家的科技实力、综合实力以及国家的安全和利益，因此美国不论在现在还是将来都会对其加强出口管制，所以中国在该领域要想提高贸易实力，只能加强自身发展，同时加强与世界上其他国家的合作，通过其他渠道增加进口，从而弥补美国对中国的不利影响。

7.3.3 产品差异化建设

中美两国在生命科学技术、电子技术、集成制造技术和高新材料技术等领域的贸易已经实现了较高水平的水平型产业内贸易，这表明中美两国在这些领域的技术水平差异在逐渐缩小，这对中美两国的发展都有着极大的帮助。对于中国来说，更应该保持这种趋势，着重进行产品差异化建设，根据对不同产品的特点和现状进行发展，逐渐确立这些领域在国际竞争中的优势，实现利益最大化。

8 我国产业内贸易与经济发展关系实证分析

8.1 产业内贸易与经济发展关系理论基础分析

8.1.1 产业内贸易促进经济发展的理论基础分析

对外贸易,实质上是一揽子商品和劳务在国际间的转移和重新配置。产业内贸易作为对外贸易的一种模式,指同一产业的产品同时输出和输入活动,其本身作为一种交易机制是一个包含技术、制度、资本和知识等诸多要素的综合体,对一国经济发展的影响也是多方面的。一般来讲,产出增长取决于要素投入数量的增加以及要素使用效率的提高。而产业内贸易无论对一国要素的形成还是要素使用效率的提高均具有重要的影响。我们认为,产业内贸易促进经济发展的内在理论基础主要体现在以下几个方面:

(1) 产业内贸易通过推动技术进步促进经济发展。

现代经济的增长在极大程度上依赖于科学技术的进步,这是当代经济发展的主要特征。科学技术的广泛应用能有效提高生产要素的使用效率,从而打破经济增长受制于有限生产要素数量的瓶颈,为早期的经济增长向现代经济增长过渡开辟出了全新的模式。在现代经济中，技术进步主要通过提高生产要素的质量、合理配置利用资源、提高规模经济、提高生产要素效率和改变经济结构与制度来促进经济增长。

产业内贸易是一国获取先进技术的重要渠道，新技术的巨额开发费用使得最发达国家也不可能仅仅依靠本国的研发来满足自身需要的大量技术，而对于经济落后、技术水平低的发展中国家而言，产业内贸易能够给予他们模仿技术前沿国先进技术的机会。具体来说，产业内贸易主要通过技术聚合效应产生影响，从而促进经济增长。通过商品的流动发生技术聚合效应主要有以下四种：第一，传染效应。积极参与产业内贸易的国家可以获得许多学习的机会，包括先进的生产技术、先进的知识经验等。越是开放的国家，通过产业内贸易从其他国家学到的先进技术的机会就越大。第二，竞争效应。在竞争日趋激烈的国际市场中，企业为了获得更多的利益，增强竞争能力，就必须根据市场的需求改进产品结构、服务质量。这种驱动力促使企业模仿和学习世界先进技术，在"边干边学"的过程中，不断实现技术的提升。第三，交流效应。在国际市场中，通常会对新产品进行演示并对用户进行使用技术培训。其他企业比较容易从这种演示和培训中得到有关新产品的设计、生产方法和市场需求等信息，并进一步通过技术外溢进行学习模仿和创新，促成企业以低成本开发相似产品。第四，产业带动效应。由于技术进步具有"外部经济"和"可积累"的特性，外贸部门可以通过上、下游产业链作用与国内各产业部门产生产业关联效应，通过产业关联、产业聚集效应带动其相关产业的技术进步。

（2）产业内贸易通过推动制度变迁促进经济发展。

实证研究表明，技术密集型的新兴产业和主导产业产品具有附加值高、需求弹性大、生产规模和贸易规模持续上升的特点，为产业内贸易发展提供了空间。同时，产业内贸易的发展加快了科学技术、管理经验、企业家精神在不同国家同一行业内的传播和扩散，给同类产品生产质量的改进提供了技术和信息支持，并通过规模经济，实现不同国家在产品层次上的分工，实现产品生产的国际化，从而促进一国主导产业和支柱产业的发展，实现产业结构优化升级。

新制度经济学认为经济发展的根本动力来自于对工作、投资和创造性的激励，而激励机制的实施与成效又是由制度决定。经济增长和发展的原因在于制度变迁，如果忽略了制度变迁的重要作用，对经济发展现象的解释就会出现偏差，如果没有制度变迁，经济发展就不可能实现。在制度经济学家看来，技术进步是内生的，与国家的制度和政策有密切的联系。新经济增长理论从这一点出发提出，有了先进的技术并不一定能够带来经济发展，只有在一国的制度和政策有利于先进技术的采用和开发时，才能促进经济发展，因此，具有良好秩序、健全制度的国家的经济增长才会稳定、迅速。产业内贸易可以通过推动制度变迁来促进经济发展，具体作用途径有以下几个方面：第一，产业内贸易可以通过引进制度，扩大国内制度供给，节省制度创新的成本。第二，产业内贸易也可以通过"边干边学"和"外溢"效应，不断改进交易制度，直接促进整个国家的制度创新。第三，产业内贸易导致市场和经济规模的增大，迫切需要制度创新以降低交易费用。第四，产业内贸易把企业推向竞争激烈的国际市场，引起竞争强化，迫使国内企业积极进行制度创新，以提高组织运行效率和技术创新效率，从而提高自身的竞争力。

通过对外贸易推动制度变迁的机制是一个长期的过程，而制度最终体现在政府的各项政策上。因此，产业内贸易究竟是否可以达到通过制度变迁促进经济发展的目的，取决于政府从对外贸易中获得的信息、对于信息的吸收及做出的反应，即政府的政策。其中法律和秩序的维持、基础设施服务的供给、知识产权的保护、税收以及其他经济规则方面都会对长期经济增长率产生重要的影响。

（3）产业内贸易通过积累物质资本促进经济发展。

物质资本是实现经济增长和发展的物质基础和条件。早在18世纪，以亚当·斯密为代表的古典经济学家就认为，资本的积累与经济增长之间有着密切联系，甚至认为资本积累量的大小是经济增长的关键因素之一。在哈罗德·多马模型中，一国的经济增长率取决于资本产出率和储蓄率，资本产出率主要受技术因素影响，短期内不会有太大改变，经济增长率主要受储蓄率影响，而通常人们假定储蓄率可以全部转化为投资，所以可以说经济增长率就主要由投资率或资本积累决定。一些发展经济学家如罗斯托、纳克斯、纳尔逊等也都认为，要消除贫困、促进经济增长，必须努力提高储蓄率和投资水平。尽管近年来有许多学者忽视物质资本，而过分强调物质资本以外的其他要素对经济发展的促进作用，但物质资本作为非物质资本及其他一切经济增长要素的载体,以其不可替代性对经济的增长仍将发挥巨大作用。

产业内贸易可以通过积累物质资本来促进经济的增长。产业内贸易对资本的影响首先体现在贸易对资本积累量的影响。微观上,出口提高企业盈利的前景,进口则加剧市场竞争,因而会促使企业加大资本的投入;宏观上,出口可使一国的外汇储备和储蓄增加,扩大了可投入资本总量,进口虽然可能因使用外汇而减少资本的积累,但如果进口一国所需的稀缺资源,则可以解除该国经济发展过程中的瓶颈问题,从而提高现有生产能力中有效供给的比重,促进经济的快速增长。产业内贸易对资本的质的影响,体现在贸易对资本产出效率的影响上。出口扩大产品销售的市场规模,强化了本国的比较优势,使得生产规模扩大从而有利于资本配置的改善和资本结构的优化;进口则通过引进先进的技术和资本品,以及本国所需的中间投入品来提高资本的产出效率。

(4)产业内贸易通过吸引外国直接投资促进经济发展。

尽管有些研究表明国际贸易与国际投资之间存在一定的替代关系,但最近关于两者之间的研究,则更倾向于得出两者之间的互补关系大于替代关系的结论,即认为国际投资在替代部分贸易的同时也创造了新的贸易机会,同时国际贸易的发展也有利吸引国际投资。

20世纪80年代以来,关于外国直接投资促进东道国对外贸易影响的一些研究指出,在企业内产业内贸易中,技术的跨国流动一部分以异质产品作为载体完成,一部分以对外直接投资作为载体完成。跨国投资受许多因素支配,其中最重要的一个因素就是在更广阔的范围里寻求先进技术的聚合。这种技术聚合的效应较之于通过异质产品贸易实现的效应更大。可以说,跨国投资所体现出来的国际分工是更高层次的国际分工。

同样,一个国家对外贸易的程度直接反映了该国的对外开放程度。一个国家的贸易一体化程度越高,则这个国家的国内投资环境就会越趋于改善和提高,这无疑有利于该国吸引国际投资;反之,一国参与国际贸易的程度越低,则其产品进入他国市场的难度越大,则对吸引出口导向型外国投资是不利的。这样看来,国际投资和贸易之间可能存在较强的相关性,而这种相关性表明,外国直接投资与东道国对外贸易之间可能存在相互促进,相互带动的关系。

通过理论分析表明，产业内贸易可以通过上述影响来促进一国的经济发展。然而不同国家由于所处经济发展阶段不同、经济结构不同，其经济发展的决定因素及其受到贸易的影响因素也会有很大差异。鉴于此，应更进一步探寻一国产业内贸易促进经济发展的具体措施。

8.1.2　经济发展促进产业内贸易的理论基础分析

产业内贸易产生的原因是规模经济、产品差异、需求重叠，但它并不能脱离一定的经济发展水平而存在。处于不同经济发展水平的国家，其平均产业内贸易指数各不相同。瑞典经济学家林德尔（Linder）在《论贸易和转换》一书中提出，可以用收入相似的国际贸易理论来解释产业内贸易，并可说明一国经济的发展对产业内贸易的影响和促进作用。各国的人均收入水平是决定需求结构的主要因素，人均收入水平高的国家通常需求高档的消费品和投资品，人均收入水平低的国家通常需求较低档的消费品和一般投资品。虽然各国人均收入水平不同，但需求结构的相似性与国际贸易产生的可能性密切相关，因而富裕的工业化国家与贫穷的发展中国家之间仍会存在一定的贸易关系。这是因为富裕的国家中也有穷人，而贫穷的国家中也有富人。因此，在这两类国家的市场中的某一部分仍然存在相似的需求结构，这为它们之间展开贸易提供了有利的条件。因此可以推断，在两国人均收入水平差距很大的条件下，两国国内收入分配的差距会扩大两国之间的贸易量。

林德尔的理论用人均收入的相似性来解释国际贸易的流向，他认为收入水平的上升使工业制成品的贸易在发达国家之间得到了发展。这些国家相互出口的往往是种类相同但品牌不同的产品，从而从需求方面解释了发达国家之间大量存在的产业内贸易。同时，也说明一国的经济发展水平和人均收入水平对该国的产业内贸易有重要的影响。随着我国经济发展水平的提高，产业内贸易的增长将是一个长期趋势。

综上所述，产业内贸易与经济发展的相互关系的作用机理可以用图8.1表示。

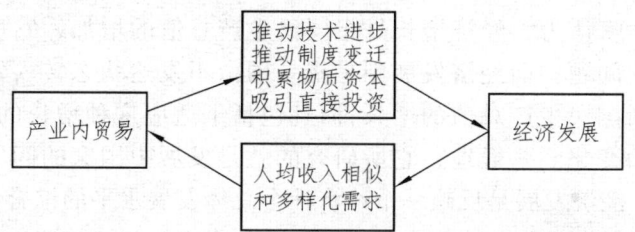

图 8.1 产业内贸易与经济发展关系的作用机理

8.2 产业内贸易与经济发展关系实证分析

8.2.1 模型设定

在经济文献中普遍使用的 Cobb-Douglas 生产函数为：

$$GL = AY^{\beta}T^{1-\beta} \tag{8.1}$$

在方程（8.1）中，GL 表示产业内贸易指数，A 表示技术状况以外的其他因素，Y 表示人均 GDP，T 表示技术进步率。在本章中为了便于分析经济发展对产业内贸易的影响，笔者对方程（8.1）进行如下修改：

$$GL_t = A_t \times Y_t^{\beta_1} \times T_t^{\beta_2} \tag{8.2}$$

在方程（8.2）中，我们引入时间维度 t，GL，A，Y 和 T 的经济意义和（8.1）相同，然后两边取对数有：

$$\ln GL_t = \alpha + \beta_1 \ln Y_t + \beta_2 \ln T_t + \varepsilon_t \tag{8.3}$$

在公式（8.3）中，β_1，β_2 分别表示人均 GDP 对产业内贸易的贡献份额或弹性，技术进步对产业内贸易的贡献份额或弹性。

8.2.2 变量的选取和数据的处理

考察国民经济长期发展问题常常涉及两个既紧密相连又有区别的概念，即经济增长和经济发展。如果说经济增长是一个"量"的概念，那么经济发展就是一个比较复杂的"质"的概念。从广泛的意义上说，经济发展不仅包括经济增长，而且包括国民生活质量的改善以及整个社会经济结构和制度结构的总体进步等。

经济学家认为,经济增长是指国民生产总值的增加,它所研究的是发达国家的问题;而经济发展则是指一国由不发达状态转入发达状态,它不仅包括国民生产总值的增长,而且包括了适应这种增长的社会制度、经济结构的变化。一般地,它所研究的就是发展中国家的问题。

总之,经济发展是反映一个经济社会总体发展水平的综合性概念。由于经济发展问题的复杂性,因而,在经济学中有一门专门研究经济发展的学科,被称为"发展经济学"。现在,已有越来越多的经济学家们认识到,不仅发展中国家要有发展经济学,而且发达国家也仍然离不开发展经济学。

为了简化起见,以及数据获取的困难,没有将制度创新、物质资本积累和 FDI 等因素引入模型,本章选用我国的人均国内生产总值增长率和技术进步率代表一国的经济发展水平,产业内贸易发展水平则由我国所有产品的产业内贸易综合指数加权平均数求得,即由第 2 章的计算公式(2.2)得到。研究的数据区间是 1987—2003 年,均为年度数据,其中,人均国内生产总值(人均 GDP)增长率的数据选取来自各期《中国统计年鉴》,技术进步率数据来源于徐瑛、陈秀山等(2006)在《经济研究》中发表《中国技术进步贡献率的度量与分解》一文,具体的原始数据见表 8.1。

表 8.1 1987—2003 年我国产业内贸易指数、人均 GDP 与技术进步率变动情况

年 份	产业内贸易指数(GL)	人均 GDP(Y)	技术进步率(T)
1990	60.72	2.381	10.38
1991	58.91	2.567	39.04
1992	59.84	2.897	49.81
1993	53.76	3.263	3.97
1994	59.32	3.649	32.12
1995	67.11	4.006	25.23
1996	67.56	4.358	15.48
1997	68.56	4.711	24.73
1998	69.93	5.033	16.19
1999	69.42	5.369	26.63
2000	70.62	5.776	7.44
2001	71.32	6.211	28.59
2002	71.45	6.730	28.40
2003	72.11	7.358	17.90

1987—2003 年，时间序列中 3 个变量：产业内贸易指数（GL）、人均国内生产总值增长率（Y）和技术进步率（T）的时间序列图如图 8.2～图 8.4 所示。

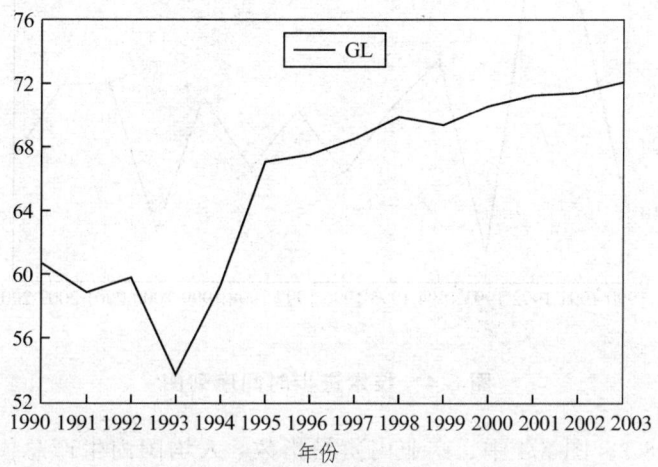

图 8.2　产业内贸易指数时间序列图

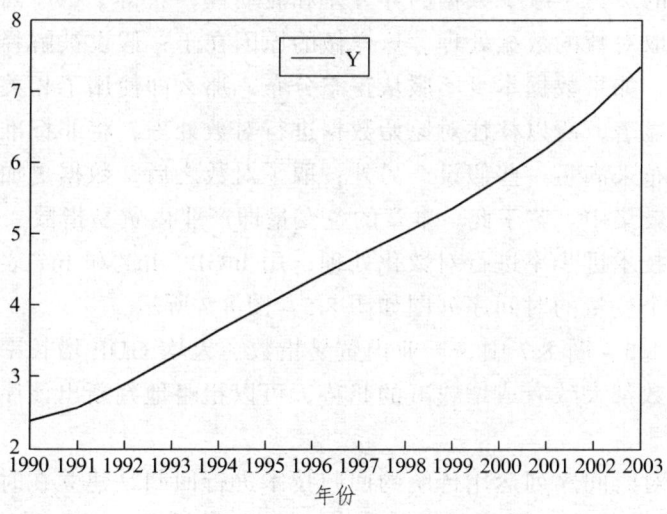

图 8.3　人均 GDP 时间序列图

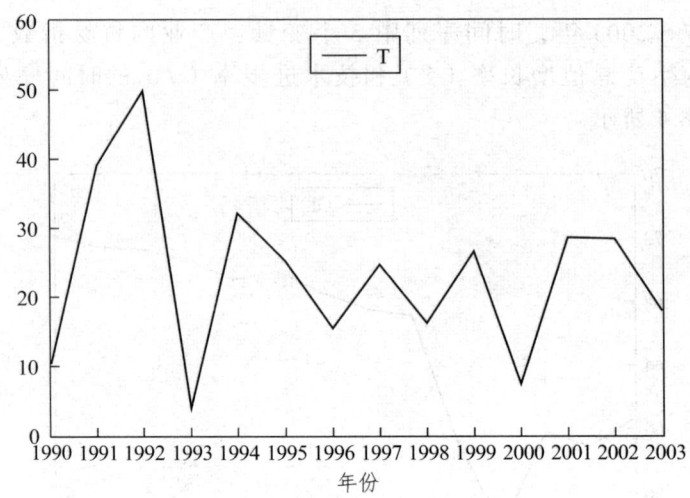

图 8.4 技术进步时间序列图

在图 8.2～图 8.4 中，产业内贸易指数、人均国内生产总值增长率和技术进步率都大致有或增或减的趋势，可以粗略地判断出 3 个时间序列是不平稳的。为了减少数据的异方差和波动性，获得平稳序列，对 3 个变量进行取对数的数据处理。这样做的原因在于：假设被解释变量服从正态分布，如果数据本身不服从正态分布，那么即使用了相关检验，其结果也不显著，所以往往对原始数据进行对数处理，将非标准分布转换为标准分布来满足一些假设。另外，取了对数之后，数据更加平稳，并且相对比较集中。鉴于此，本章的各变量即产业内贸易指数、人均 GDP 增长率和技术进步率进行对数化处理，用 $\ln GL$、$\ln Y$ 和 $\ln T$ 表示。取对数后的 3 个变量的时间序列图如图 8.5～图 8.7 所示。

在图 8.5～图 8.7 中，产业内贸易指数、人均 GDP 增长率和技术进步率的对数都大致有或增或减的趋势，可以粗略地判断出该序列是不平稳的。

由于对时间序列运用传统的回归技术进行回归是建立在时间序列平稳性这一基本假定基础之上的，如果数据是不平稳的，大样本下的统计推断基础即"一致性"要求被破坏，往往导致出现"伪回归"问题，使得分析结果失去经济意义。所以在建立相关回归方程前，应先对序列的平稳性进行检验。

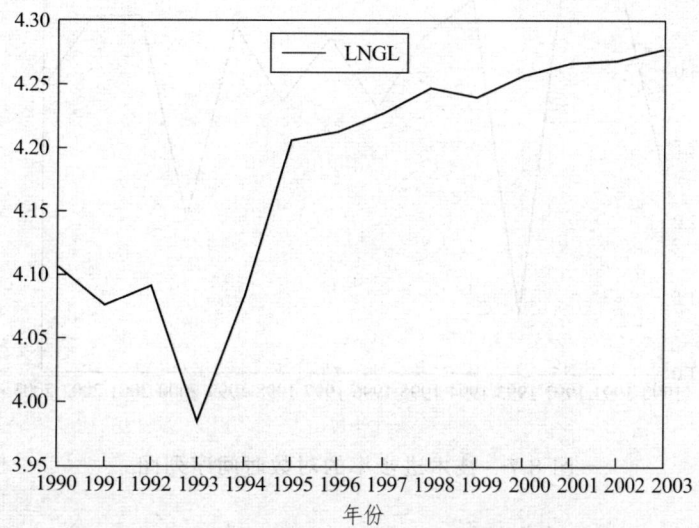

图 8.5 产业内贸易指数的对数时间序列图

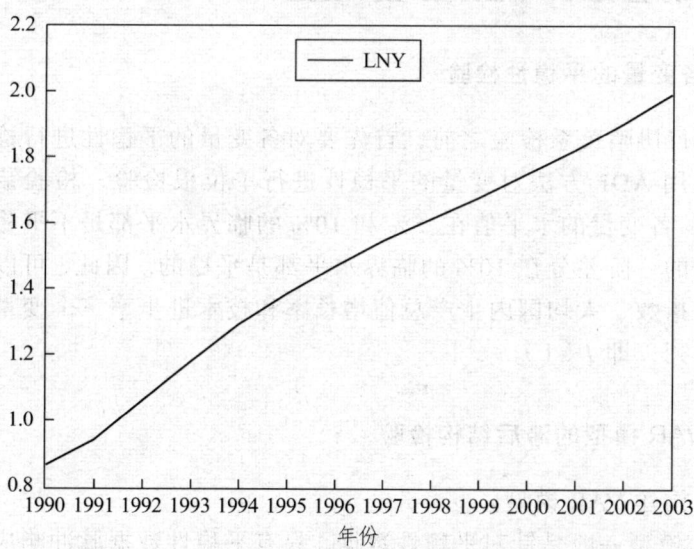

图 8.6 人均国内生产总值增长率的对数时间序列图

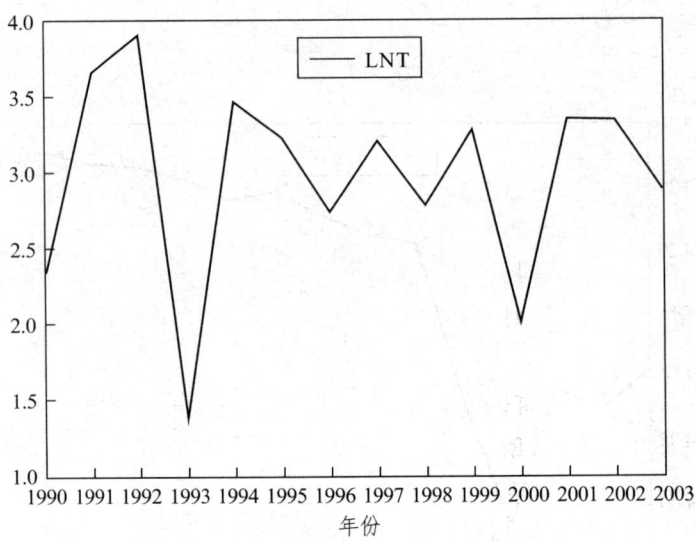

图 8.7　技术进步率的对数时间序列图

8.2.3　协整分析与因果关系检验

1. 各变量的平稳性检验

在进行协整关系检验之前，首先要对各变量的平稳性进行检验，本章笔者运用 ADF 方法对变量的平稳性进行单位根检验，检验结果如表 8.2 所示。各变量的水平值在 5% 和 10% 的临界水平都是不平稳的，而所有变量的一阶差分在 10% 的临界水平都是平稳的。因此，可以得出产业内贸易指数、人均国内生产总值增长率和技术进步率三个变量都是一阶单整序列，即 $I(1)$。

2. VAR 模型的滞后结构检验

（1）构建 VAR 模型。

VAR 模型一般是针对平稳性数据，只有平稳性数据脉冲响应才会收敛，并且对数差分后平稳的数据经济含义明确就是增长率。非平稳数据做 VAR 模型可能脉冲响应不收敛，但非平稳协整的变量有可能出现单向脉冲响应冲击收敛的结果。故用对数差分变量构建 VAR 模型。

8 我国产业内贸易与经济发展关系实证分析

表 8.2 各变量平稳性的单位根检验结果

变量名	检验类型 (c, t, n)	ADF 统计量	5% 的临界值	10% 的临界值	检验结果
lnGL	(c, t, 2)	-0.826	-3.119 9	-2.701 1	不平稳
ln$Y$	(c, t, 2)	1.367	-3.175 4	-2.728 9	不平稳
ln$T$	(c, t, 2)	-4.788	-3.175 4	-2.728 9	不平稳
ΔlnGL	(c, 0, 1)	-3.382	-3.144 9	-2.713 6*	平　稳
Δln$Y$	(c, 0, 1)	-3.176	-3.175 4	-2.728 9*	平　稳
Δln$T$	(c, 0, 1)	-6.731	-3.175 4	-2.728 9*	平　稳

注：ΔlnGL、Δln$Y$、Δln$T$ 表示原序列的一阶差分序列。(c, t, n) 表示单位根检验中的截距项、时间趋势项与滞后阶数。*表示 10% 的显著性水平。

（2）AR 根的图与表。

若被估计的 VAR 模型不稳定，则得到的结果有些是无效的。为了更清楚地用图示展示平稳性的结果，对对数差分变量构建的 VAR 模型进行滞后结构检验，如图 8.8 所示。

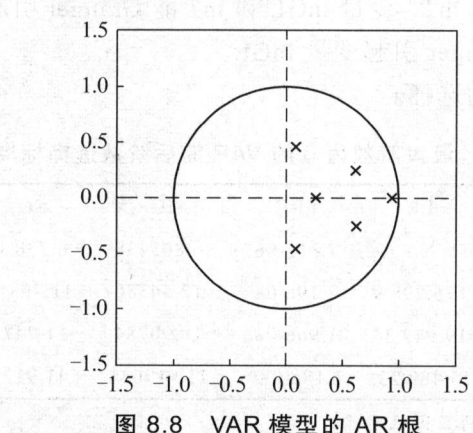

图 8.8　VAR 模型的 AR 根

图 8.8 显示，VAR 模型所有根模的倒数都小于 1，即都在单位圆内，故该模型是稳定的。

（3）Granger 因果检验。

之所以要进行 Granger 因果关系检验，是为了检验产业内贸易指数、人均国内生产总值增长率和技术进步率三个变量之间是否确实存在着因果关系，即保证模型设定的合理性。

表8.3 VAR模型Granger因果检验结果

被解释变量	解释变量	卡方统计量	自由度	P值*
lnGL	ln$Y$	2.566 8	2	0.273 8
	ln$T$	3.818 3	2	0.238 7
	All	6.864 5	4	0.083 1
ln$Y$	lnGL	1.761 8	2	0.597 3
	ln$T$	11.249 6	2	0.003 7
	All	14.971 8	4	0.005 6
ln$T$	lnGL	0.374 9	2	0.913 8
	ln$Y$	30.463 1	2	0.071 1
	All	41.267 6	4	0.004 9

注："*"表示在5%的显著性水平下拒绝原假设。

表8.3的检验结果显示，在5%的显著性水平下，变量lnGL和ln$Y$能Granger引起变量ln$T$，变量lnGL和ln$T$能Granger引起变量ln$Y$，变量ln$Y$和ln$T$能Granger引起变量lnGL。

（4）滞后阶数的选择。

表8.4 最大阶数为3的VAR滞后阶数选择标准

滞后阶数	LogL	LR	FRE	AIC	SC	HQ
0	82.463 76	NA	7.31e-06	-6.865438	-6.738 129	-6.170 311
1	178.926 9	176.298 9	2.19e-08	-12.443 86	-11.798 74*	-12.332 98
2	199.093 8	19.949 34	1.96e-08	-10.907 84	-11.747 83	-12.411 61
3	209.196 2	25.489 23*	1.18e-08*	-11.919 64*	-11.912 78	-12.836 27*

注："*"表示5%的显著性水平。

由表8.4的Eviews结果，在5%的显著性水平下，6个统计量中有4个显著，所以确定滞后阶数为三阶。

3. 协整关系检验

由于各变量均为一阶单整时间序列，则在将产业内贸易指数、人均国内生产总值增长率和技术进步率之间可能存在长期稳定的均衡关系，这可以通过协整检验来确定。笔者运用 Johnsen 协整检验方法对此进行检验。根据 AIC 信息准则，VAR 模型中的自回归滞后阶数应取为 1，但是协整检验却表明无协整关系或者协整关系中的回归系数不符合经济意义，故取自回归滞后阶数为 2。另外，由于各个变量具有明显的确定性趋势，因此将协整方程设定为含截距项。采用 Johnsen 检验的最大特征值法，协整检验结果见表 8.5。

表 8.5 各变量的 Johnsen 协整关系检验结果

零假设 H_0	特征根	迹统计量	5% 临界值	P 值
$r = 0$	0.739 069	55.136 19	30.189 32	0.000 0
$r \leqslant 1$	0.370 209	14.948 95	16.493 27	0.076 7
$r \geqslant 2$	0.259 584	4.935 741	3.952 579	0.031 4

注：r 表示协整关系的个数。

表 8.5 结果表明，在 5% 的显著性水平下，最大特征值显示在 3 个变量之间存在一个协整关系。该协整关系可以表示为：

$$\ln GL = 9.884 + 1.16 \ln Y + 2.392 \ln T \quad (8.4)$$

在（8.4）式中，3 个变量的长期均衡关系可以看出，人均 GDP 和技术进步都对我国的产业内贸易产生拉动作用。其中人均 GDP 对产业内贸易的长期均衡弹性为 1.16，即人均 GDP 每增加 1%，产业内贸易增长 1.16%；而技术进步对产业内贸易的长期均衡弹性为 2.392，即技术进步每增加 1%，产业内贸易增加 2.392%，该弹性系数大于人均 GDP 对产业内贸易的弹性系数。从长期来看，在影响我国产业内贸易的两个因素中，技术进步对我国产业内贸易的拉动作用较大，而人均 GDP 的作用较小。3 个变量之间的协整关系还可以以误差修正项形式表示为：

$$ECM = \ln GL - 1.16 \ln Y - 2.392 \ln T - 9.884 \quad (8.5)$$

4. 向量误差修正模型的建立

协整关系仅仅表明变量之间的长期均衡关系，而不能确定变量之间的短期动态关系。为此，可以将式（8.5）表示的误差修正项引入到由 3

个变量所建立的向量自回归模型中,建立起向量误差修正模型,以反映变量之间的长期均衡与短期波动关系。产业内贸易指数、人均国内生产总值增长率和技术进步率的向量误差修正模型估计结果如表 8.6 所示,其中剔除了 t 值在 1 以下的不显著项。

表 8.6　向量误差修正模型的估计结果

方程	ECM_{t-1}	$\Delta \ln GL_{t-1}$	$\Delta \ln GL_{t-2}$	$\Delta \ln Y_{t-1}$	$\Delta \ln Y_{t-2}$	$\Delta \ln T_{t-1}$	$\Delta \ln T_{t-2}$	c	R^2
$\Delta \ln GL$	0.11 (1.89)	0.218 (0.284)	0.213 (0.332)	0.14 (0.403)	0.142 (−0.534)	0.34 (1.179)	0.18 (−0.428)	0.18 (2.459)	0.88
$\Delta \ln Y$	0.234 (5.56)	4.12 (−2.697)	0.941 (0.805)	0.245 (−0.997)	0.285 (−1.119)	0.421 (0.575)	0.156 (−0.112)	0.68 (7.211)	0.89
$\Delta \ln T$	0.13 (−3.52)	1.172 (2.764)	0.841 (−3.038)	0.344 (−7.218)	0.379 (−7.42)	0.56 (3.563)	0.115 (0.899)	0.14 (4.824)	0.97

注:括号内的数字表示 t 统计量, R^2 是判定系数。

表 8.6 的模型反映了变量之间复杂的关系,对这种关系进行考察分析有助于产业内贸易政策的制定,下面对此展开分析。

第一,关于产业内贸易方程。滞后 1 期的非均衡误差项对现期产业内贸易有正向调节作用。当产生正的非均衡误差时,将使得短期产业内贸易往上调节;反之,则使产业内贸易向下调节。所有变量都通过误差修正项对现期产业内贸易产生影响。就人均 GDP 对产业内贸易的影响而言,在短期内,滞后 1 期的人均 GDP 增长率的系数为 0.14,而且 t 检验值显著,这说明产业内贸易受短期收入变化的影响,这预示着当国民的收入增加时,产业内贸易发展水平增加。就产业内贸易的自身作用而言,滞后 1、2 期的产业内贸易指数的系数为正,这说明短期的产业内贸易对现期产业内贸易有正向的作用,这说明产业内贸易发展具有较高的利益和示范作用,即技术进步对产业内贸易的作用显著。

第二,关于人均 GDP 方程。首先,滞后 1 期的非均衡误差项对现期的人均 GDP 有显著的反向调节作用。所有的变量通过滞后 1 期的非均衡误差项作用于短期人均 GDP。就产业内贸易对人均 GDP 的影响而言,滞后 1 期的产业内贸易增长率具有正系数,这说明短期内产业内贸易会导致人均 GDP 的增加,产业内贸易对人均 GDP 的弹性系数为 4.12,即产业内贸易每提高 1%,人均 GDP 随之提高 4.12%。就产业内贸易对技术进步的作用来看,在短期内,滞后 1 期和滞后 2 期的产业内贸易增长率的系数都为正值,这说明短期内产业内贸易的发展提高了短期技术进步。短期中产业内贸易发展水平对技术进步的弹性为 0.723,即产业内贸易每增长 1%,使得技术进步提高 0.723%。就技术进步本身作用而言,短期内技术进步增长率的系数为正,技术进步对短期技术进步的弹性为 0.56,说明技术进步增长对短期技术进步有正面的刺激作用。

第三,关于技术进步方程。三个变量偏离长期均衡关系的波动,通过滞后 1 期的误差修正项对短期技术进步发生作用,并且 t 检验统计量显示,这种作用较为显著。短期内所有变量的增长率波动都对技术进步产生显著的影响,这说明我国的技术进步与产业内贸易和人均 GDP 的相关性较强,这也表明在产业内贸易、人均国内生产总值和技术进步所组成的三变量系统中,技术进步对产业内贸易和人均国内生产总值的变化在短期内相当敏感。

5. 基于 ECM 的 Granger 因果关系检验

协整关系分析与短期动态分析不能说明变量之间是否存在 Granger 意义上的长期与短期因果关系,而基于向量误差修正模型却可以对变量之间的长期和短期因果关系进行检验,检验结果如表 8.7 所示。

表 8.7 基于 ECM 各变量间的 Granger 因果检验结果

假 设	卡方检验统计量	概率值	结论
$\ln GL$ 不是 $\ln Y$ 的短期原因	0.73	0.021	拒接
$\ln GL$ 不是 $\ln Y$ 的长期原因	0.94	0.011	拒接
$\ln Y$ 不是 $\ln GL$ 的短期原因	16.81	0.000	拒绝
$\ln Y$ 不是 $\ln GL$ 的长期原因	2.95	0.038	拒绝
$\ln T$ 不是 $\ln Y$ 的短期原因	3.12	0.025	拒绝
$\ln T$ 不是 $\ln Y$ 的长期原因	7.4	0.004	拒绝
$\ln Y$ 不是 $\ln T$ 的短期原因	8.46	0.007	拒绝
$\ln Y$ 不是 $\ln T$ 的长期原因	11.06	0.001	拒绝
$\ln GL$ 不是 $\ln T$ 的短期原因	12.93	0.015	拒绝
$\ln GL$ 不是 $\ln T$ 的长期原因	9.19	0.021	拒绝
$\ln T$ 不是 $\ln GL$ 的短期原因	1.08	0.017	拒绝
$\ln T$ 不是 $\ln GL$ 的长期原因	10.72	0.000	拒绝

由表 8.7 可知,产业内贸易指数、人均国内生产总值增长率和技术进步率三个变量的因果关系:

一是产业内贸易在短期内是人均 GDP 增长变动的 Granger 原因,并且在长期内它也是人均 GDP 增长变动的 Granger 原因;人均 GDP 是产业内贸易短期和长期内变动的 Granger 原因。

二是产业内贸易在短期和长期内都是技术进步变动的 Granger 原因,并且技术进步也是产业内贸易短期和长期变动的原因。

三是技术进步在短期和长期都是产业内贸易的 Granger 原因,产业内贸易也是技术进步短期和长期变动的 Granger 原因,这说明我国产业内贸易发展,产生了技术集聚效应,提高了技术发展水平。同时,技术水平的提高,增强了我国出口产品的竞争力,从而促进了产业内贸易的进一步发展。

8.3 小 结

通过对 1990 年至 2003 年的产业内贸易指数、人均 GDP 增长率和技术进步率的数据进行实证分析,得出以下结论:

第一,根据协整关系检验后的协整方程可以推导出,在 1987 年至 2003 年期间,产业内贸易的变动与人均 GDP 之间存在着长期稳定的均衡关系,并且误差修正模型可以对模型进行短期修正。即人均 GDP 每增加 1%,产业内贸易增长 1.16%。换言之,人均 GDP 每增加 1 个百分点,产业内贸易就增长 1.16 个百分点,这分析说明了产业内贸易与人均 GDP 之间确实存在着相互影响的长期稳定的数量关系。

第二,1990—2003 年,产业内贸易的变动与技术进步之间存在着长期稳定的均衡关系,即技术进步每增加 1 个百分点,便会产业内贸易增加 2.392 个百分点,这分析说明了产业内贸易与技术进步之间确实存在着相互影响的长期稳定的数量关系。

第三,从 VECM 模型的误差纠正机制来看,出口对于长期均衡路径的偏离在下一期会得到非常快的修正,修正速度大约为 11%,这说明我国产业内贸易与人均 GDP 和技术进步有非常稳定的长期均衡关系,任何对于均衡的偏离都会得到极快的回复调整。

第四，从上面的分析可知，人均 GDP 或技术进步率的增加都会造成产业内贸易的扩张，并且具有一定的时滞效应，可以预期的是，随着我国经济的发展，人民生活水平的提高和技术的进步，中国的产业内贸易具有较好的发展前景。

8.4 发展产业内贸易、提高经济发展水平的政策建议

贸易与经济发展的理论研究成果表明，对外贸易的发展对促进一国经济的发展具有重要作用。这种贸易对经济发展的促进作用可以用图 8.9 加以展示。

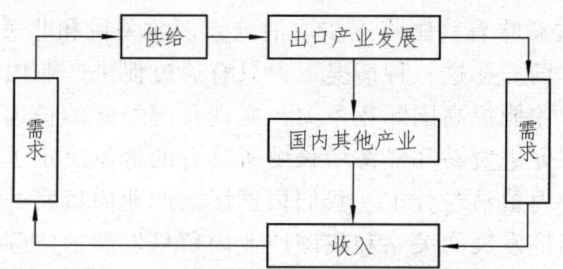

图 8.9 贸易对经济发展的作用机制

注：需求包括出口需求和国内需求。

在图 8.9 中，对外贸易对一国经济发展的促进作用可分为两个层面。在第一个层面，这一作用表现为出口需求的增长将通过供给关系的变动直接促进本国出口产业的发展，而出口产业的发展必然会引起该产业的就业水平和收入水平的提高，这又会引起新的需求变化，产生新的循环。在第二个层面，出口需求的增长通过出口产业与其他国内产业间的连锁关系，传导到国内其他产业。而这些产业在需求和供给变动的影响下也将随之发展起来，从而在规模效应、资源配置等的影响下整个国民经济都将得到全面发展。

从上面的分析可以发现，对外贸易对一国经济发展的促进作用发挥程度如何，主要取决于第二个层面上的作用结果，而第二个层面上的作

用效果在于出口产业与国内其他产业间的关联程度的影响。由于劳动和原材料密集型产业与其他产业间的关联性较弱，在传统分工与贸易基础上形成的偏向劳动和原材料密集型产品，出口规模的扩大将无法给该国带来像"工业化国家那样的动态的、有辐射力的效果"。而与产业内贸易相对应的产业，大多数是高加工程度和高技术投入的制造业，这些产业部门与国内其他产业间的连锁效应要远远地大于劳动和原材料密集投入部门。因此发展产业内贸易对充分发挥对外贸易的"经济增长之引擎"作用和促使经济高速增长具有重要意义。贸易模式从以产业间贸易为主向以产业内贸易为主的转变是发展中国家实现外向型经济发展战略的必然选择，这一点对我国的经济发展尤为重要。我国社会主义发展的目标是建立一个共同富裕的社会，因此，需要制定一系列的政策发展经济。根据我国在亚太经合组织中的承诺，我国将在2020年全面实现贸易和投资自由化，同时在加入WTO谈判中也承诺到2005年将关税总水平降10%左右。这意味着我国将逐步取消绝大多数关税和非关税壁垒，渐进地开放国内市场。在这一种情况下，只有通过促进产业内贸易发展、推动产业升级，才能提高国际竞争力，实现我国经济的长远发展。因此，产业内贸易在促进贸易和经济增长中所具有的地位决定了我们必须努力扩大对外产业内贸易与分工。我们根据影响产业内贸易的基本因素、产业内贸易与经济发展的关系和我国产业内贸易发展的实际状况的分析，提出发展产业内贸易，提高我国经济发展水平的政策建议。

8.4.1 继续发展以传统比较优势为基础的产业间贸易

我们在提出充分发展规模经济为基础的产业内贸易的同时应充分认识劳动密集型产业存在的重要性、长期性和必然性。我们强调努力发展产业内贸易，是为了强调把它提升到应有的地位，并不意味着传统产业已失去存在和发展的必要。由前面的实证分析我们知道，我国目前产业间贸易和垂直型产业内贸易在整体贸易中占据了很大的比重，反映出现阶段劳动密集型产业仍是我国出口的比较优势之所在，我国许多劳动密集型产品在国际市场竞争中还有较强的竞争力，比如家具类、灯具等新兴轻工产品的发展潜力巨大，未来可进一步发挥作用。因而现阶段，劳动密集型产品的生产和出口仍需发展。而且从历史和国际的角度来看，从参与产业间分工向产业内分工转化是一个长期的过程，在产业间分工带来的贸易利益和增长水平效应还没有完全消耗时，我国还应该继续发挥我们现有的比较优势，保持和扩大具有比较优势的产品在国际市场上的份额。

第一，应该继续发挥比较优势的作用。为了适应贸易发展新趋势，首先必须要淘汰那些在国际市场上萎缩、失去比较优势的亏损产品，不仅要充分开发我国的人力资源，提高我国劳动者的整体素质和技术水平，而且要对轻纺等传统劳动密集型产业进行技术改造，积极将新技术、新材料向传统产业渗透，以提高传统产品的技术含量、质量和档次。要促进出口商品从粗加工向精深加工转变，更要从消费者需求出发，着力于新型化、多层次、精细化产品的开发，多出口高质量高档次产品，以适应国际市场的发展形势。

第二，为了顺利地向产业内贸易过渡，应逐步取消对劳动密集型产业的保护。为了促进贸易结构升级，国家应逐步取消对劳动密集型产业出口退税的优惠，使其真正依靠廉价劳动力及生产高效率的优势在国际市场竞争，这样还有利于遏制国内市场的过度竞争。因为自20世纪80年代以来，我国一直普遍地对各类产品出口（除少数特殊资源产品）采取各种鼓励政策。其中一个典型代表就是退税优惠，许多生产企业不用退税优惠，把退税当作正常利润，以致企业没有从国外得到利润，反而变相地由国家补贴，这不但使企业自身的竞争能力不断下降，而且导致我国对外贸易条件不断恶化。可以说，这类企业的软预算约束是由国家在并不明确的出口导向战略下的出口退税政策造成的。而且我国加入世界贸易组织后，必须按照其规则办事，退税政策的普遍性导致针对中国的反倾销事件经常发生。放弃普遍的出口退税优惠政策，不仅可以体现国家的产业政策，而且体现世贸组织的原则，减少对外贸易摩擦。因此，为了促使贸易升级，应取消对劳动密集型产业的各种政策性保护。

8.4.2 开放相关产业市场，培育国内规模经济

改革30多年，我们虽然在开放上取得了很大成绩，但是贸易政策上仍受许多传统观念的束缚。中国是发展中国家，对某些产业的适当保护是必要的。但是，传统的贸易理论分析指出，保护政策给消费者和整个

国家福利所带来的损失不只是消费者的福利损失，更重要的是滞缓了技术外溢和干中学的过程。通过贸易壁垒的办法来保护幼稚产业，其代价和结果都是必须考虑的。现在过分强调出口的政策显然难以为继，进口的重要性更加明显。进口技术密集型产业的产品不仅可以是我们技术进步所需技术的主要供给渠道，也可以为促使国内企业加速技术进步和管理制度创新提供刺激与动力。产业内贸易成为经济发展的必然选择。原因在于以下几方面：

第一，产业内贸易是同类产品、同等技术含量产品的贸易，通过这种贸易可以学到对方在产业组织、技术促进和追求产品差异化等方面的优点和长处。产业内贸易由于外部经济效应和技术外溢效应而能促进经济发展。

第二，产业内贸易是另一种交易双方相互需求并相互满足的贸易，产业内贸易的高度发展可以扩大双方的相互依存和合作，有助于改善我国对外贸易的外部大环境。

第三，努力发展产业内贸易是我国实现动态比较优势的途径之一。在国际贸易格局发生巨大变化的今天，仅仅按照静态的比较利益进行分工和贸易还是远远不够的，它会造成我国产业结构的滞后。因此，逐步实现以产业内贸易为主的贸易格局，发展高层次的产业内贸易，是我国把比较优势转化为竞争优势，提高对外贸易竞争力的重要手段。

我国作为一个发展中大国，应将注意力更多地放在国内市场。目前我国虽有较大的经济规模，但国内市场由于地方保护主义的严重干扰，条块分割现象较为严重，很大程度上使我国作为大国拥有广大市场容量的优势被削弱了，无法充分实现规模经济。在第 6~7 章的产业内贸易的经验研究中，也说明中国目前具有规模经济的企业不多，总体来说行业内并未达到规模经济状态。发展产业内贸易的国内基础是有选择地开放某些产业市场，培育国内企业的规模经济；同时，以创造产业竞争优势的对外战略参与产业内贸易竞争。

因此，我国一方面坚持自由贸易政策，尽可能享受贸易利益的好处，另一方面又可以利用非贸易保护主义的贸易政策促进比较利益向动态发展和比较优势转化，改变目前国家参与国际竞争的弱势格局，加速实现工业化目标。

8.4.3 充分利用国际直接投资，支持并建立本国控股的跨国公司

据有关研究，产业内贸易与跨国公司具有互动关系，原因在于以规模经济和产品多样化为动因的产业内贸易要求那些即便是要素禀赋相同而无法实现传统比较优势的国家也必须进行生产分工，从事和发展对外贸易，而跨国公司的经营活动显然为产业内贸易这样的生产分工提供了基础。

首先，我国应该加大 FDI 在产业内贸易中的比重。2000 年，外资企业的进出口总额占我国进出口总额的 50% 以上，而外资企业的进出口贸易有 70% 以上是以加工贸易方式进行的。加工贸易曾经占据过我国对贸易总额的 55%，到 2003 年这一比重下降到 44%。加工贸易是我国进行产业内贸易的主要方式，尤其在工业制成品上，跨国公司内部贸易的发展直接促进了产业内贸易的发展。从客观上来说，加工贸易为我国经济的发展起了重要的作用，但是"大进大出"的加工贸易在统计上表现的产业内贸易水平，其质量是值得进一步反思的。由于在我国加工所创造的附加值比较低，价值链比较短，而且国家对加工贸易采取了扶持的政策。因此对加工贸易的管理、政策引导、升级等问题的解决是提高产业内贸易质量的关键。

其次，跨国公司水平型的直接投资也极大地促进了产业内贸易的发展，水平一体化直接投资不仅利用我国的劳动力优势，更注重在我国的长远发展，在规模、技术、管理、营销和人才的培养等方面对我国的经济发展和产业升级贡献也更大。入世之后，对水平一体化跨国公司直接投资的引进是我国提高产业内贸易质量的重要途径。

最后，大胆实施"走出去"战略。产业内贸易得以进行的另一重要条件是相似的要素禀赋，即经济发展水平与我国相当的国家更容易开展产业内贸易。对于目前我国对外贸易对象倚重于发达国家的格局应有所改变。在 WTO 的条件下，我国应更加重视发展与发展中国家有水平差异的产业内贸易，我国具有竞争优势的企业对发展中国家进行垂直一体化和水平一体化的投资，开展境外的加工贸易和大力发展我国的跨国公司。作为 WTO 成员国，我们可以获得其他成员国相关产业的情报资料，

对于我们研究发展中国家和发达国家的市场提供了便利，可以更有目的和针对性地开展高层次产业内贸易。

8.4.4 积极开展对外区域经济合作，构筑多层次区域经济合作模式

基于本书前面对产业内贸易决定因素分析，区域经济一体化能够促进产业内贸易的发展。斯蒂芬（Steveen Globerman）的研究表明，在整个20世纪80年代，贸易自由化使美国和墨西哥之间的产业内贸易有了大幅度的增长。1975年巴拉萨对地拉美自由贸易区和中美洲共同市场的测算，发现其各自内部成员国间的产业内贸易水平分别为36.17%和46.33%，这远远超过同期各内部成员国与其他非成员国间产业内贸易水平的23.6%和27%。汤海燕（2003）在对影响中国与东盟产业内贸易发展因素的解析中指出，中国与东盟的双边贸易正在逐步从基于要素禀赋差异的传统的产业间贸易走向基于规模经济和差别产品的产业内贸易，且贸易产品的范围不断扩大，日渐形成互补性的分工。产业内贸易已成为中国与东盟之间贸易的重要形式，而且这一趋势还在不断增强。因此，应积级开展对外区域经济合作，构筑多层次的区域经济合作模式。

采取不同层次的经济合作同时并举、齐头并进的发展模式。由于区域经济合作具有三个不同的层次，我国的区域经济合作战略也要划分为三个不同的层次。在条件许可的情况下采取次区域、区域和全球范围内经济合作的同时并举、齐头并进的发展模式，在发展对外区域经济合作时，我们要力争做到：首先，要强调经济合作的全面性。这要求我国积极发展同世界各个国家、各个地区的经济关系，以顺应全球化趋势和我国经济发展的需要。其次，要突出区域合作重点。从地缘经济和实际情况的角度来看，我国对外区域经济合作的重心在亚太地区。最后，要照顾经济合作的现实性。在积极参与和推动亚太区域经济合作的同时，还应在一些进行区域经济合作暂不成熟，但可以在较小范围内强化经济合作的地区进行次区域经济合作。

总体来说，顺应时代潮流、顺应区域经济合作的发展趋势，我国应在立足亚太的同时，以"两岸三地"为核心，向东通过推动APEC的贸易与投资自由化进程，加强与APEC成员间的经济合作。同时，通过"10

+1"或"10+3"的深化,构建东亚区域合作的框架;向北进一步推动中亚五国和东北亚区域合作的进程,由优惠贸易安排和项目开发向更高层次过渡;向西借助亚欧会议加强中欧合作;向南凭借《曼谷协定》和西南地区的地缘优势,谋求与南亚地区合作协定的成员建立较为密切的经贸关系,为今后的合作奠定基础。通过积极开展区域经济合作,提高经济一体化程度,在世界的经济交往中,发挥贸易创造和贸易转移的正面效应,扩大我国与各个经济发展水平不同的国家产业内贸易水平。一方面,加强对发展中国家市场的研究,提高产业内贸易水平。产业内贸易发展的一个重要前提就是贸易国的经济发展水平达到一定的高度并且相互比较接近。立足亚太和以"两岸三地"为核心,我国与区域内的各国地理位置接近、经济发展水平相差不大、人均收入和社会文化相似,有利于相互之间开展产业内贸易。因此,应加强对发展中国家市场的研究,生产出适合不同消费者偏好的差异产品,提高我国与发展中国家的产业内贸易水平。另一方面,扩大与区域内发达国家的贸易活动,通过"技术溢出"效应、"干中学",提高我国产品的技术含量,逐步将我国以垂直型产业内贸易水平转变为水平型产业内贸易水平。

推动开放模式的区域经济合作组织的形成,探寻共同利益的结合点。按照 APEC 和 WTO 的经验,组建任何层次区域经济合作组织的总体思路都是相互开放市场,相互融合经济,共同发展,共同受益。这是因为开放的资源配置空间范围越广,可以利用的资源的种类越多,各国资源配置的效率就越高,共同利益的结合点就越大。而且,除了共同经济利益以外,开放性、非排他性的合作也与世界政治多极化、经济全球化发展趋势相适应,因此中国应积极推动并扩大开放模式的区域经济合作组织的形成。处理好"以我为主"和"合作共赢"的关系,既要适当保护自己又要适度引进竞争,使我国产业充分利用过渡期孕育成长,进而在竞争中发展壮大。

8.4.5 加速发展农业产业内贸易,使农业产业间贸易和产业内贸易形成良性互补

产业间贸易和产业内贸易并不矛盾,加速发展农业产业内贸易符合

我国的国情。一方面，农业是国民经济发展的基础，但我国人口多、土地少，由于我国农产品多具有土地密集型特征，以至于我国的土地资源是有限的，我国农产品在基于比较利益分工的产业间贸易中的出口优势正在下降。而通过发展以规模经济为基础的产业内贸易，我国不但可以学习贸易发达国家在农产品生产方式、农业技术进步和追求产品个性化方面的优点和长处，还可以通过降低农产品的长期生产成本来提高我国农产品的生产效率。另一方面，农业产业内贸易可以帮助实现我国农产品品种、规格和款式的多样化，提高我国消费者的满足程度，给消费者带来更大的选择余地。加快科技兴农步伐，全面提升我国农产品质量，扩大垂直型产业内贸易的比重。与工业制成品不同的是我国农产品产业内贸易以水平型产业内贸易（水平差异是指同一质量档次的产品在规格、款式上的差异。通常把这些差异统称为产品属性上的差异，消费者购买水平差异产品是为了满足其多样化的需求）为主，同时农产品水平型产业内贸易比农产品垂直型产业内贸易（垂直差异主要指同类产品由不同质量档次带来的价格上的差异，消费者对这类产品的需求往往受其可支配收入的限制）带来的利益多。

  我国农产品产业内贸易以水平型产业内贸易为主表明粮食的产业内贸易主要是为了满足国内外消费者的多样化需求，说明我国的粮食出口在质量上不具有竞争优势。而垂直型产业内贸易的比重相对较低，表明我国农产品在质量上与国外同类农产品相比还有很大的差距。中国加入WTO后，国际上对我国农产品的质量提出了更高的要求，所以我国需要加大科技兴农的力度，加快引进、选育和推广优良品种，提高农产品的科技含量和附加值，逐步实现农产品优质化，我国应依靠技术进步，进一步提高农产品深加工水平，重视引进新技术、新工艺，农业企业要搞好技术开发，提高自主创新能力。以增大垂直型产业内贸易的比重。调整农产品生产结构，合理规划农业产业的长远发展。我国的粮食的产业内贸易水平较低，且主要是水平型产业内贸易，对这类比较缺乏竞争优势且以土地为生产资料的农产品，在条件允许的地方可适当减少生产。而退耕的土地可用来生产其他农产品，以进一步扩大我国农产品的生产种类，增加农产品的多样性。例如，宋玉华、刘春香（2004）在我国农业产业内贸易的实证研究中发现，我国食糖、天然蜂蜜和未加工的纺织用原料农产品的产业内贸易水平较高，且大都以垂直型产业内贸易方式出现，表明食糖、天然蜂蜜和未加工的纺织用原料农产品具有很强的国际竞争力，今后我国可以对这些农产品实行规模生产，通过发展规模经济扩大它们的产业内贸易比重。动物油脂和各种植物油，1990至2001年间该类农产品质量较好，且水平差异程度较大，今后在生产中应继续保持它的高质量和多样化。而对于那些只存在产业间贸易方式的农产品（例如活动物、肉类、水产品等），在保持其比较优势的同时，在今后的生产中更应该追求品种的多样化和质量的高档次。

8.4.6 大力发展差异产品，提高对外贸易竞争力

在垄断竞争市场条件下，产品差异为发展中国家提高对外贸易竞争力提供了一个有益的思路：即工业产品的多样性使得任何一个国家都不可能有足够的资源来生产、出口全部工业产品，国际贸易的空间变得越来越大，即使在同一行业内，也可能既有进口又有出口。因此，对他国已经形成优势的产品，要避免同质化竞争，我国企业可以通过开发更新的差异产品或其他不同种类、型号的产品，通过规模经济降低成本，形成自己的优势产品并向国外出口，形成对外贸易竞争优势。笔者认为可以从以下几方面发展差异产品，促进贸易结构升级，提高对外贸易竞争力。

（1）加快发展高科技产业，实行"科技兴贸"战略，促进与发达国家之间水平差异产品贸易的发展。

当代国际竞争的核心是科技的竞争，高新技术在很大程度上是现代社会经济发展的驱动力。从我国目前出口的现实来看，美国、日本和欧洲等发达国家是我国出口产品的主要市场，贸易模式主要是产业间贸易，而产业内贸易额较小，这主要是因为我国与这些发达国家之间的水平差异产品贸易额小。特别是现阶段我国与发达国家在高技术产品上的分工程度还很低，我国仍需要进口许多高新技术产品，而出口的则是一些层次较低的加工产品。一般来说，发展高新技术经济具有高投入、高风险性的特点，这要求国家应实行必要的扶植与优惠政策，促其迅速发展。我国应根据国民经济和社会发展战略，对高新技术产业的发展进行总体规划和统筹安排，通过国家级高新技术开发区的建设，促进形成高技术产业群、培育一批高技术产品出口重点企业；综合运用财政、税收、外

贸、政府订货和采购等政策，扶植高技术产业发展和发展高科技产品，促进我国与发达国家之间水平差异产品之间的贸易，是改变我国与发达国家之间以产业间贸易为主的贸易模式的重要途径。此外，发展高科技产业，在某些领域形成技术优势，使我国与技术水平落后于我国的一些发展中国家形成技术差异，促进以技术差异为主的产业内贸易的发展，也是提高我国对外贸易竞争力的重要方面。

（2）实施品牌战略，促进差异产品的发展。

企业在国际竞争中应该提高企业的研发能力、创新能力，加强自主品牌产品建设，改变压价竞争或低价竞争的营销策略。对现代企业而言，新产品的发和创新是企业获得可持续盈利能力的保证。企业低价竞争方式对于中国企业而言已经没有前途，不建设一个强大的品牌、单纯靠低价竞争打赢不了国外的跨国公司。因此，有实力的企业就应该实施国际名牌战略，通过提高核心能力来获得竞争优势，从而在国际市场中形成品牌知名度，提高品牌美誉度。在产品差异优势中，品牌是实行差别战略的重要手段。品牌代表着一个产品的质量、性能、功效以及产品的市场定位、文化内涵、消费者对品牌的认知程度等。在经济全球化的今天，跨国公司成为直接投资的主体，各大公司都纷纷利用自己的品牌去占领市场。名牌产品的需求与普通产品的需求相比，在相同的价格下有更大的需求量；同样的需求量时，名牌产品具有更高的价格。用品牌来扩大自己在国际市场的影响力和竞争力，是竞争策略最有效的方式之一。通过培育自己的名牌产品，提高产品的品质和声誉，增加产品的附加值，拓宽海外市场，扩大出口。现代企业越来越多地运用品牌及其品牌系列产品来代表企业的产品与其他企业产品的差异。品牌的差异不但体现在价格的差异上，更重要的是体现在产品的营销、市场、技术和经营管理的差异化上，因此，实施品牌战略是我国出口企业提高产业内贸易水平，实现出口产品从粗放型向集约型的转变，从而提高对外贸易竞争力的重要手段。我国的企业应该在这方面形成一套统一、完善的机制，强化产品的差异性，从而创造出中国的国际名牌，使已有的产业尽快加入产业内贸易中去获取应有的利益。

（3）加快对传统劳动密集型产品的技术改造，促进差异产品的发展。

我国的比较优势在于劳动力要素。因此，我们可以通过利用高新技术对我国现有的具有比较优势的劳动密集型产业加以改造。这样，不但可以创造产品的成本、价格优势,还可以进一步增强产品的差异化优势,以满足人们对产品不断变化的需求。利用高新技术可以不断变换生产技术、改进生产工艺、创造出适合不同消费者需求的新产品,促使传统产品向精加工、多功能、高附加值的科技型产品转换,使产品不断更新换代,从而提高我国的产业内贸易水平及我国产品在国外市场上的竞争地位。

(4)积极介入产品销售领域,获得差异优势。

产品差异化的内涵相当广泛,除了产品在档次、质量、款式和颜色等方面的差别外,还包括了在销售上的差异,如广告、包装、售后服务以及人们主观意识上的差别,这些产品的差异化能够极大地增加产品出口的附加值。各企业在生产和流通活动中实行差异化竞争策略,积极介入产品销售领域,通过非价格竞争等手段提高我国企业的国际竞争力。

(5)在差异产品质量上,加强诚信体系建设,保障市场信用。

本质上,市场经济是信用经济,信用能够促进市场交易的发展和经济增长。近几年,我国在国际市场中不讲信用、假冒伪劣和以次充好现象还时有存在,美国和欧洲等国家或地区对我国反倾销调查增多,如美国利用"337调查"作为实行新贸易保护主义的工具,仅仅在2012年,美国开征的反倾销或反补贴税种,大约有41%是针对中国产品,而且对于反倾销的种类更是涉及钢铁、光伏、家电和食品等多个领域,这些案例从某种程度上来说,还是我国企业产品质量存在问题的具体体现,对我国扩大出口拉动经济增长构成了严重冲击。守信用、讲信誉、尊重消费者权益是产业内贸易发展的基本要求。因此,建立健全与社会主义市场经济相适应的诚信体系,是一个亟待解决的重大现实问题。为此,一方面要通过文化建设,通过宣传教育、社会舆论,来弘扬和培育企业的行为习惯和诚信意识;另一方面要通过完善制度安排,建立健全社会信用体系,保障企业诚信生产和提供货真价实的差异性产品。

第 3 篇

结论篇

第5章　結論

9 结 论

本书通过对产业内贸易与经济发展的理论研究和对我国产业内贸易的实证分析，可以得出以下结论：

第一，传统贸易理论是建立在要素禀赋差异的基础上的，强调的是国家之间的静态比较优势。如果我国单纯地以这种比较优势开展贸易，就会固化原有的贸易结构，不利于我国的产业升级和经济发展，陷于比较优势陷阱。而产业内贸易是建立在规模经济和产品差异的基础之上的，强调的是动态递增的比较利益。尽管产业内贸易理论出现在西方发达国家，但其适用性并不仅仅属于这些国家，对我国等发展中国家在一定条件下同样适用。

第二，国际贸易理论是随着世界经济、贸易的发展而不断进步的，国际贸易发展的新倾向使传统贸易理论面临挑战，同时使传统的经济发展理论陷入困境。在关于发展问题的研究中，将国际贸易与经济发展结合起来是十分必要的，因此国际经济学界出现了一些对贸易理论和发展理论进行新综合的观点。产业内贸易理论就是在这样的背景下产生的。它吸取新增长理论中关于不完全竞争、规模收益递增、产品差异、外部性等假设条件，重构了国际贸易的基本框架，新综合在贸易理论中引入产业组织理论，认为在现代国际贸易环境中，不完全竞争是国际市场结构的主要形式，规模收益递增是国际贸易的基础，强调外部性在国际专业化中的作用，从而使产业内贸易理论成为对国际贸易现实具有解释力的理论。我国等发展中国家应该以产业内贸易为发展导向，增强本国的竞争优势，最大限度地利用国际贸易促进经济发展。

　　第三，我国的对外贸易现实已发生重大变化，根据我国的国情，一方面，要继续坚持比较优势原则，扩大与世界各国之间的产业间贸易；另一方面，我国需要更多地关注产业内贸易理论所揭示的新的贸易利益的来源，积极开展产业内贸易，以获取动态递增的比较利益作为今后贸易战略的取向。

　　第四，产业内贸易不仅能够带来静态利益，而且能够带来动态利益。和产业间贸易相比，产业内贸易带来的利益更多。它具有规模经济效应、促进产品的革新、技术聚合效应和促进产业结构演变等作用。不同国际分工形式下产业内贸易的利益亦不同，水平型产业内贸易比垂直型产业内贸易多。发展中国家开展不同类型产业内贸易，利益来源也不同。

　　第五，通过运用产业内贸易理论与 G-L 指数来对中韩两国的汽车产业内贸易进行了实证分析，研究发现：从一般贸易来看，中韩贸易总额不断增加，但近年来中国对韩国的贸易逆差逐年上升，并且中国对韩出口的产品多为农产品和纺织产品，附加值较低，而韩国主要向中国出口附加值较高的家电数码、汽车产品。短时期内这一贸易逆差难以逆转，且有继续扩大的趋势。从整体上来看，两国在贸易模式上以产业内贸易为主，但在不同类目下 G-L 指数也不尽相同。

　　第六，本书在产业内贸易理论的基础上，采用 G-L 指数实证分析近几年中国与东盟产业内贸易的总体发展现状、存在的问题和发展趋势。通过数据分析后发现中国与东盟的产业内贸易指数呈上升趋势，但中国与东盟各国的产业内贸易水平并不平衡。根据本章得出的结论，提出了促进我国与东盟发展产业内贸易的若干建议：在宏观政策上，政府应该加强宏观调控作用，比如大力改革我国的产业结构、加大对我国制造业发展的支持力度、提高我国的科技技术水平、规范政府的行为、大力促进东盟自由贸易区的发展。当然，企业本身也应该为了产业内贸易区域的更好发展而贡献力量，如企业应重视产品的差异性、资源互补性从而达到双边共同发展，企业也应该重视开发东盟国家市场、实施多元化战略。

　　第七，本书针对近年来中美两国的高技术贸易中出现中国对美国贸易顺差的现状，从而提出中国是否在高技术领域已达到同美国相同竞争力的疑问，通过对中美两国高技术领域的产业贸易的研究和探索，运用 G-L 指数、Bruelhart 指数和 Thom & McDowell 指数进行数据分析，得出虽然中国对美国高技术贸易顺差增长迅速，但总体上仍以产业间贸易和垂直型产业内贸易为主，中国在高技术领域上与美国仍有着很大的差距。对此，我国需要对不同的高技术产品制定不同的应对策略，加强差异化建设，加强技术创新，加强利用世贸规则抵制美国出口限制，从而使我国在高技术领域得到更加长远的发展。

第八，在产业内贸易与经济发展的关系上，产业内贸易相对应的产业，大多是高加工程度和高技术投入的制造业。这些产业部门与国内其他产业之间的连锁效应要远远大于劳动和原材料密集投入部门。产业内贸易能够给贸易国带来动态的、有辐射力的效果。因此，发展产业内贸易对充分发挥对外贸易的经济增长之发动机作用和促进国民经济高速增长具有重要意义。

第九，通过对我国产业内贸易与经济发展关系的实证分析，我们可以发现，改革开放以来，我国与其他国家的贸易额呈上升趋势，我国的产业内贸易得到了很大的发展，份额也在不断上升。我国与发达国家的国际贸易当中，制造业产品的产业内贸易份额也在不断提高。我国产业内贸易水平的不断提高是我国产业结构不断升级、新兴产业发展壮大、资本和技术密集型产业份额不断提高的结果。但是，如果仅仅以此为根据就对我国的国际贸易竞争优势作出过分乐观的判断，显然是不合适的。研究表明：短期和长期内，产业内贸易促进了我国经济增长，提高了技术进步率，反过来，人均 GDP 的增加即经济增长和技术进步有利于我国产业内贸易发展。但是当前我国产业内贸易仍处于低级阶段即处于以垂直产业内贸易为主的阶段，这种状况不利于我国外贸和经济的进一步发展，我国应该以水平型产业内贸易为发展取向，通过扩大企业规模、提高引资质量和大力发展差异产品来提高我国外贸的竞争力。

第十，我国是一个发展中大国，产业内贸易的发展对我国技术进步、产业结构升级和经济增长具有重要的意义。为此，在今后一段时期内，我们应该做好以下几方面的工作：充分利用国际直接投资，支持建立本国控股的跨国公司；积极开展对外区域经济合作，构筑多层次的区域经济合作模式；制定相关产业政策，培育国内规模经济；选择主导产业，加大政策支持力度，创造产业竞争优势；大力发展差异产品，促进贸易结构升级，提高对外贸易竞争力，实现经济持续、快速和健康发展的目标。

参考文献

[1] ROMER P M. Increasing return and long-run growth[J]. Journal of Political Economic, 1986(94): 1002-1037.

[2] ROMER P M. Endogenous technological change[J]. Journal of Political Economy, 1990(98): 71-102.

[3] 隗斌贤. 经济增长理论与模型的演变及发展[J]. 浙江经济高等专科学校学报, 2000(4): 7.

[4] GROSSMAN G M, HELPMAN E. Innovation and growth in the global economy[M]. MIT Press, 1991: 72.

[5] VERDOORN P J. The intra-block trade of benelux[M]. // ROBINSON E A G. The economic results of national scale. London: Macmillan, 1960: 291-329.

[6] MICHAELY M. Multi-balance in international trade[J]. American Economic Review, 1962(52): 245-271.

[7] BALASSA B. European integtration: problems and countermearures[J]. Papers and Proceedings, 1963: 175-184.

[8] BALASSA B. Tariff reductions and trade in manufactures among the industrial countries[J]. 1966(56): 466-473.

[9] KOJIMA K. International trade among developed countries[J]. Hitotsubashi Journal of Economics, 1964(5): 16-36.

[10] GRUBEL H G, LLOYD P J. Intra-industry trade: the theory and

measurement of international trade in differentiated products[M]. London: The Macmillan Press Ltd., 1975: 281-290.

[11] DIXIT A K, J E STIGLIZE. Monopolistic competition and optimum product diversity[J]. American Economic Review, 1979 (69): 961-963.

[12] HELPMAN E. International trade in the presence of product differentiation, economics of scale and monopolistic competition[J]. Journal of International Economics, 1981 (11): 305-340.

[13] FALVEY. Commercial policy and intra-industry trade[J]. Journal of International Economics, 1981 (7): 53-59.

[14] BALASSA. Trade-creation and trade-diversion in the European Common Market[J]. The Paper of Manchester School, 1974 (2): 123-142.

[15] AQUINO. Intra-industry trade and inter-industry specialization as concurrent sources of international trade in manufactures[J]. Weltwirtschaftliches Archiv, 1978 (14): 23-56.

[16] KYOJI FUKAO, HIKARI ISHIDO, KEIKO ITO. Vertical intra-industry trade and foreign direct investment in Ease Asia [J].the Japanese and International Economics, 2003 (17): 468-506.

[17] GREENAWAY D, R HINE, C MILNER. Country-specific factors and the pattern of horizontal and vertical intra-industry trade in UK[J]. Weltwirtschaftliches Archiv, 1994 (1): 77-100.

[18] GREENAWAY D, R HINE, C MILNER. Vertical and horizontal intra-industry trade: a cross industry analysis for the United Kingdom[J]. Economic Journal November, 1995 (433): 1505-1518.

[19] HEAD, KEITH, JOHN RIES. Offshore production and skill upgrading by japanese manufacturing firms[M]. Mimeo, University of British Columbia, 2001.

[20] KYOJI FUKAO, HIKARI ISHIDO, KEIKO ITO. Vertical intra-industry trade and foreign direct investment in East Asia [J]. Research Institute of Economy, Trade and Industry (RIETI) Discussion Papers, 2003, No.03001.

[21] 佘时飞. 经济增长理论文献综述[J]. 科技经济市场，2009（8）：38-39.

[22] 史永东，杜两省. 资产定价泡沫对经济的影响[J]. 经济研究，2001，401（10）：57-59.

[23] 岳昌君. 遵循动态比较优势——中美两国产业内贸易对比实证分析[J]. 国际贸易，2000（3）：26-28.

[24] 孔庆锋. 我国的外贸现实与理论调适[J]. 山东大学学报，2001（1）：37-41.

[25] 翟银燕，李国强. 发展中国家自由贸易福利效应的产业内贸易模型分析[J]. 人文杂志，2002（4）：65-68.

[26] 许丹. 不同国际分工形式下产业内贸易的利益分析[J]. 商业研究，2002（4）：15-16.

[27] 罗余才. 我国农产品贸易中的产业内贸易[J]. 农村经济，2002（9）：5-6.

[28] 宋青梅，李元杰. 论产业内贸易对发展中国家的适用性[J]. 济南大学学报，2003（3）：54-55.

[29] 曾国平，刘海霞. 论产业内贸易的动因及其与跨国公司的互动[J]. 财贸研究，2003（3）：17-19.

[30] 刘文革. 发展中国家对发达国家产业内贸易分析[J]. 对外经济与国际贸易，2003（7）：82-85.

[31] 陈雯. 东盟自由贸易区区内贸易的产业内贸易研究[J]. 世界经济研究，2003（1）：37-43.

[32] 杨建宇. 对贸易理论和发展理论的再思考[J]. 辽宁大学学报，2003（1）：105-106.

[33] 刘朝明. 理性思维：国际贸易理论的探索与发展[M]. 北京：中国经济出版社，1997：60-61.

[34] 叶劲松. 新增长理论的国际贸易发展观及其启示[J]. 宁波大学学报：人文社科版，2002（3）：105.

[35] 朱勇，徐广军. 现代增长理论与政策选择[M]. 北京：中国经济出版社，2000：36-37.

[36] 克鲁格曼，奥斯法尔德. 国际经济学[M]. 北京：中国人民大学出版社，1998：105-107.

[37] 强永昌. 产业内贸易论—国际贸易新理论[M]. 上海：复旦大学出版社，2002：39-46.

[38] 张建红. 产业内贸易的影响因素分析[J]. 云南大学人文社会科学学报，1994，(4)：39-44.

[39] GRIMWADE N. International trade: new patterns of trade, production and investment[M]. Taylor & Francis Ltd, 1989: 393.

[40] GREENWAY DAVID, CHRIS MILNER. A cross section analysis of intra-industry trade in the U. K[J]. European Economic Review, Amsterdam, 1984 (25): 319.

[41] 李俊. 产业内贸易的福利效应及贸易政策取向[J]. 广州市财贸管理干部学院学报，2001（4）：2-3.

[42] 许丹. 不同国际分工形式下产业内贸易的利益分析[J]. 商业研究，2002（4）：15-16.

[43] 喻春娇，喻美辞. 产业内贸易的发展与我国企业的竞争战略选择[J]. 湖北大学学报：哲学社会科学版，2003（6）：23-25.

[44] 温海峰."南北"产业内贸易分析[J]. 广东商学院学报，2000（1）：80-81.

[45] 陈杨. 由"间"到"内"的飞跃——中国产业内贸易的实证研究[J]. 云南财贸学院学报：经济管理版，2003（2）：2-3.

[46] 苑涛. 从产业内贸易看我国的对外贸易竞争优势[J]. 财贸研究，2002（4）：68-69.

[47] 周凤珠. 水平产业内贸易——中国外贸发展新取向[J]. 云南财经大学学报，2003（2）：20-21.

[48] 张烨. 我国产业内贸易现状分析[J]. 福州大学学报：哲学社会科学版，2001（4）：35-36.

[49] 马剑飞，朱红磊，许罗丹. 对中国产业内贸易决定因素的经验研究[J]. 世界经济，2002（9）：26.

[50] 周戈，任若恩. 中国产业内贸易现状及制造业的国际竞争力[J]. 经济与管理研究，1999（6）：33.

[51] 苑涛. 欧洲国家产业内贸易分析[J]. 欧洲研究，2003（5）：120-121.

[52] SCHUMPETER J A. Business cycles: a theoretical, historical and statistical analysis of the capitalist process [M]. New York Toronto

London：McGraw-Hill Book Company，1939：219-240.

[53] 丁焕峰.区域创新理论的形成与发展[J].科技管理研究,2007（9）：18-21.

[54] 张小蒂.投资导论[M].杭州：浙江大学出版社,1996：116-117.

[55] 武康平,费淳璐.WTO框架下中国汽车经济的增长极[M].北京：经济科学出版社,2002：36-38.

[56] 中国汽车产业发展报告[M].北京：社会科学文献出版社,2009：45-58.

[57] 张建梅,李晓钟.中美汽车产业内贸易实证分析[J].江南大学学报,2011（3）：9-25.

[58] 强永昌.产业内贸易论—国际贸易最新理论[M].上海：复旦大学出版社,2002：12-69.

[59] 李坤望,张伯伟.国际经济学[M].北京：高等教育出版社,2011：47-110.

[60] 狄文秀.中德汽车产品产业内贸易实证分析及对策研究[D].青岛：中国海洋大学,2013.

[61] 师范铮.中日韩自由贸易区的构建及其对未来三国汽车产品贸易的影响[D].长春：吉林财经大学,2011.

[62] 刘洋.中国汽车贸易产业竞争力和发展策略研究[J].商业经济,2014（3）：16-18.

[63] 高运胜.对中国产业内贸易现状的分析和建议[J].中原工学院学报,2002（6）：2-3.

[64] 沈玉良,孙楚仁,方黎三.中美汽车零部件产业内贸易的发展程度及其影响因素[J].世界经济研究,2007（5）：52-63.

[65] 陈佩虹,张弼,李雪梅.汽车贸易争端：典型案例评析与产业发展启示[M].北京：机械工业出版社,2005：32-36.

[66] 官锡强.基于产业内贸易理论视域下的广西与东盟产业深化合作的研究[J].社会科学家,2011（12）：110-114.

[67] 刘志雄,王新哲.中国—东盟产业内贸易测算及影响因素研究[J].商业研究,2013（2）：34-38.

[68] 刘洋.中国、日本与东盟产业内贸易比较分析[J].中国经贸,2012（10）：32-35.

[69] 蓝庆新，郑云溪. 中国—东盟区域产业内贸易分析及对策研究[J]. 亚太经济，2011（3）：86-95.

[70] 张译丹. 中国—东盟产业内经济合作研究[J]. 中国经贸，2014（5）：44-46.

[71] 陈春跟，应美群，钱静. 中国与东盟产业内贸易影响因素实证分析[J]. 经济论坛，2013（9）：10-13.

[72] 周艳波. 中国东盟经济周期同步性及传导机制研究[J]. 财经理论研究，2014（1）：58-63.

[73] 尹雨虹. 中国—东盟贸易结构分析[J]. 商情，2012（3）：11-12.

[74] 徐婷. 中国—东盟自由贸易区产业内贸易结构分析[J]. 天津商务职业学院学报，2013（1）：28-32.

[75] 韩琳琳，覃正. 中国与金砖国家产业内贸易发展实证分析[J]. 科技管理研究，2013（2）：22-23.

[76] 林芳. 中国—东盟自由贸易区的产业内贸易效应分析[J]. 中国市场，2014（8）：22-23.

[77] 陈雯. 东盟自由贸易区区内贸易的产业内贸易研究[J]. 世界经济研究，2003（1）：37-41.

[78] 王娟. 中国—东盟产业内贸易的趋势、动因与对策[J]. 世界经济研究，2005（7）：60-65.

[79] 林琳. 中美产业内贸易研究[J]. 国际贸易问题，2006（1）：33-39.

[80] 杜莉. 中国与美国高技术产品产业内贸易的实证研究[J]. 数量经济技术经济研究，2006（8）：90-97.

[81] 邹宗森. 中美高技术产品分工与贸易模式分析[J]. 对外经贸，2013（5）：18-43.

[82] 孙莹，耿心怡. 中国高技术产品产业内贸易影响因素研究[J]. 科研管理，2014（7）：28-34.

[83] 刘林奇，黎振强. 中国对外贸易概论[M]. 成都：西南交通大学出版社，2012.

[84] 万兆泉. 中美产业内贸易对劳动力市场成本影响研究[D]. 南昌：江西财经大学，2012.

[85] 刘威，金山. 中美高技术产业贸易模式的测度研究[J]. 武汉大学学报：哲学社会科学版，2014（11）：12-18.

[86] 王雷，陈中伟. 我国产业内贸易发展建议[J]. 合作经济与科技，2009（3）：91-92.

[87] 于海峰，王伟. 中美高技术产品产业贸易的研究[J]. 辽宁经济管理干部学院学报，2008（3）：26-27.

[88] 刘晓玲. 从中美产业内贸易看两国贸易发展趋势[J]. 商业时代，2006（22）：44-42.

[89] 孔瑞. 从产业内贸易的发展看中美经济的依存关系[J]. 国际贸易问题，2006（9）：41-47.

[90] 于海峰，王伟. 中美高技术产品产业贸易的研究[J]. 辽宁经济管理干部学院学报，2008（3）：26-30.

[91] 史智宇. 东亚产业内贸易发展趋势的实证研究——对发展我国与东亚产业内贸易的政策思考[J]. 财经研究，2003（9）：75-80.

[92] SINGER H W. The distribution of gains between investing and borrowing countries[J]. American Economic Review，1950（40）：473-485.

[93] 徐瑛，陈秀山，刘凤良，等. 中国技术进步贡献率的度量与分解[J]. 经济研究，2006（8）：93-103.

[94] 黎振强. 创新的局域性研究综述：基于经济地理学视角[J]. 创新，2013，45（3）：10-13.

[95] 汪熙. 国际贸易与国际经济合作概论[M]. 上海：复旦大学出版社，1990：223.

[96] 宣烨，李思慧. 产业内贸易与经济增长：基于协整关系的分析[J]. 商业研究，2009（11）：122-125.

[97] 于立新，王佳佳. 中国对外区域经济合作的战略模式选择[J]. 财贸经济，2003（2）：58-63.

[98] BALASSA B. Intra-industry trade and integration of developing countries in the world[M]. //TUBINGEN，G C B MOHR. Giersch. 1979：250.

[99] LINDER S B. An essay on trade and transformation[M]. John Wiley，1961.

[100] 宋玉华，刘春香. 我国农业产业内贸易的实证研究[J]. 中国农村经济，2004（2）：30-37.

[101] 吴学君，朱海英. 中国农产品产业内贸易与农业经济增长：基于协整关系的分析[J]. 湖南商学院学报（双月刊），2012（5）：11-15.

[102] 王彦. 我国农产品产业内贸易与农业经济增长关系的实证研究[J]. 对外经贸，2013（4）：22-24.

[103] 冯晓华，龚琼琼. 产业内贸易对中国制造业技能溢价的影响——基于产出替代弹性的视角[J]. 福建江夏学院学报，2015（2）：6-17.

后 记

　　产业内贸易指一个国家在出口的同时又进口某种同类产品。发展产业内贸易能够实现规模经济、提高技术水平、促进产业结构升级、减少劳动力转换成本，实现劳动力的快速流动等经济利益。产业内贸易指数以及它的增加值的高低反映了一国在面临广阔的国际市场时快速调整自身生产的能力，也就是一国的综合实力的表现。长期以来，我国的传统贸易模式是以产业间贸易为主，从发达国家进口技术密集型产品，出口劳动密集型产品，这种基于比较优势的贸易模式，容易使我国陷入比较优势陷阱，不利于我国经济发展。随着世界贸易格局水平的日益提高和对外开放程度的不断增强，产业内贸易发生着一系列深刻的变化，其对我国经济发展的影响越来越深刻，提高产业内贸易水平是我国等发展中国家增强外贸竞争力的重要手段，因此，为了进一步发展我国的产业内贸易，促进经济发展，对产业内贸易与经济发展进行理论与实证研究就有着重要的现实意义。

　　本书是作者从事产业内贸易与经济发展研究的拙作，是多年从事产业内贸易与经济发展研究的一个总结性的成果。本书分为2篇，第1篇为理论篇，首先从经济学史的视角探讨了西方产业内贸易的经济发展观，其次定性分析了产业内贸易的经济效应，最后剖析了产业内贸易对我国经济发展的影响与发展趋势。第2篇为实证篇，在第1篇理论分析的基础上，首先分别实证研究了我国与韩国汽车产业内贸易、我国与东盟产业内贸易、我国与美国高技术产业内贸易的发展现状及其存在的问题，

后记

并提出了促进产业内贸易发展的相应的具体对策；其次实证分析了我国产业内贸易与经济发展的关系，并提出了发展产业内贸易以促进我国经济发展的政策建议。该书的理论与实证分析表明：产业内贸易能够降低我国经济结构的调整成本，减少失业；提高技术水平；实现规模经济效益；促使我国产业结构优化和升级。由于产业内贸易理论是西方经济学家最新的贸易理论，其本身尚待进一步的发展和完善，并且产业内贸易产生并主要发展于发达国家之间，对它的研究需要扎实的经济学理论功底和先进的分析工具。本书虽然分析了产业内贸易在经济发展中的作用，并提出了一些粗浅的个人观点，但限于本人在这两方面的研究比较贫乏，再加之数据资料可获得性的限制，难以将产业内贸易和我国经济发展联系起来进行深入的和系统的动态分析，以致论证欠充分。在以后的研究中，我将继续努力探索、虚心求教，我相信一定会弥补这些方面的不足，在产业内贸易与我国经济发展研究方面有所突破。

在本书的写作过程中，我得到了多方的支持和帮助，这种支持和帮助给了我无穷的力量。在此，我要对他们表示衷心的感谢。首先，我要特别感谢我的老师罗能生教授和熊跃平教授，两位老师学识渊博、治学严谨、敬业务实。他们在学术上的严格要求、细心指导使我受益匪浅，可以说没有老师们的指导，就没有本书的成型，而老师们严谨细致的治学与生活态度使我在工作和为人处世方面学到了更多。

其次，我的学生符海、章亦冉和王思文等在本书的写作过程中，帮我收集资料和数据，他们不仅是我学习和科研工作的好帮手，更是我生活中的益友，是他们使我的生活丰富多彩，充满生机与活力。

最后，本书的写作参阅了大量的国内外相关文献资料，借鉴了从事产业内贸易研究的部分专家和学者的研究成果，已在书后参考文献中标注，在此一并致谢！

黎振强　陈望雄
2015 年 8 月 10 日